U0936594

珍藏本·增订本

纪念版

汉译世界学术名著丛书

阿拉伯伊斯兰文化史

第六册

正午时期（二）

〔埃及〕艾哈迈德·爱敏 著

赵军利 译

纳忠 审校

ظهر الإسلام

الجزء الثاني

بحث فى تاريخ العلوم والآداب والفنون

فى القرن الرابع الهجرى

تأليف

أحمد أمين

本书根据黎巴嫩贝鲁特阿拉伯图书出版社第五版译出

目　　录

著者序言

奉大仁大慈的真主之名，求真主赐福其使者穆罕默德。

本书为《阿拉伯伊斯兰文化史》（正午时期）的第二部分，与《阿拉伯伊斯兰文化史》（近午时期）写作思路相同，是探讨伊斯兰历四世纪时期的科学、文学、艺术史的。如果时间许可，我还将编著第三部分（关于安德鲁斯）和第四部分（关于信仰）。因为在此时期，安德鲁斯的学术生活已臻于成熟，应当记载下来。也许读者会指责我们在这一册中没有像在前几册中那样逐字引用原文，然后得出结论。在这一册中，除个别地方外，我们都是先领会原文，然后概括其内容，而不是逐字引出原文。我们仅在每章末尾附上参考书目。

之所以这样做，是出于健康的原因，不能根据原文去逐一考证。本书中如有重复之处，请予谅解。人总是健忘的。

唯有真主了解我们在某些章节的写作过程中遇到的艰辛。如关于“精诚兄弟社”，有人认为他们是什叶派，有人则不以为然，我们只得查阅四大名家的有关书籍，首先了解原书内容，再理解作者们的用意，然后来判断这些人是不是什叶派。又如苏菲派与伊斯兰教法学家的分歧，这是一个十分微妙的问题，需要深入地研究。如此等等。

另外，医生禁止我看书。但我一生已习惯于阅读、著书，否则，生命还有什么价值？

求真主保佑我顺利完成此书。

艾哈迈德·爱敏

1952年11月3日

第三篇

伊斯兰历四世纪时期的社会环境

大约在伊斯兰历 324 年/公元 935 年，伊斯兰世界已经分崩离析，犹如链断珠散，山崩地裂。

固然，在这之前呼罗珊和摩洛哥已脱离了伊斯兰世界，但是彻底的大分裂则是在这一年发生的。大概是诸小王国看到了呼罗珊人和摩洛哥人的分裂，故效法之。也许促使他们分裂的另一个原因是，他们看到巴格达已落入飞扬跋扈、暴戾恣睢的突厥人手中，他们怎么能对这些突厥暴君俯首帖耳、甘受其欺凌呢？因而他们纷纷宣告独立。于是，法里斯、雷伊、伊斯法罕、哲白勒归布韦希人[①]统治；克尔曼落到了穆罕默德·伊本·易尔亚斯手中；摩苏尔、勒比尔部族居住地区、白克尔地区、母才尔地区归属于哈姆丹家族[②]；埃及、沙姆地区由穆罕默德·本·突格只·伊赫希德[③]统

① 布韦希人：波斯家族，首领为艾布·舒杁尔·布韦希。他的三个儿子占领了伊斯法罕、设拉子、克尔曼及巴格达，建立了布韦希王朝（公元 945 年），而哈里发则变成了他们手中的玩偶，直到公元 1055 年塞尔柱王朝突格里勒进入巴格达，结束了布韦希王朝的统治。——译者

② 哈姆丹家族：台格利卜族人哈姆丹·本·哈木敦之后裔，公元 929 年在美索不达米亚马尔丁建立哈姆丹尼王朝，后扩大疆域攻占了阿勒颇和霍姆斯并以前者为首都，公元 991 年投降了法蒂玛人。——译者

③ 穆罕默德·本·突格只·伊赫希德：公元 935 年在埃及弗斯塔特建立了伊赫希德王朝，统治叙利亚和埃及。公元 969 年该王朝灭于法蒂玛王朝名将昭海尔。——译者

管；摩洛哥、易弗里基叶隶属于法蒂玛王朝；安德鲁斯归附于阿卜杜·拉赫曼·纳赛尔；呼罗珊由萨曼人奈斯尔·本·艾哈迈德[①]管辖；艾赫瓦兹、瓦绥脱、巴士拉落入白里迪家族[②]之手；叶玛迈、巴林等地受卡尔马特[③]派人管辖；塔伯利斯坦、朱尔占成为德莱木人的属地；阿拔斯王朝的哈里发手中只剩下了巴格达。然而曼苏尔和麦赫迪曾通过各种手段迫使人们尊崇阿拔斯哈里发，他们所建立的这种权威使许多已获独立的小国又希望同阿拔斯哈里发和平共处，并在名义上服从哈里发——尽管实际上他们比哈里发更有力量。

但是事实上，当时整个伊斯兰帝国是全体穆斯林的祖国，穆斯林无论走到哪里，都会受到欢迎。对他们来说，世界分为两部分：伊斯兰之地与战争之地。科学家、圣训学家和地理学家可以在伊斯兰帝国境内随意旅行，如我们所见的中世纪的伊本·白图泰和伊本·朱拜尔的旅行。伊斯兰诸王国之间有着紧密的联系，它们都是穆斯林的祖国。

如果说当时政治十分衰弱，学术则不然。伊斯兰历四世纪的

① 奈斯尔·本·艾哈迈德：波斯贵族萨曼之孙、萨曼王朝的奠基者(公元874—892年)在河外地区和波斯实行统治。第三任君主奈斯尔二世当权时国势最盛，其时文化发达，涌现出菲尔多西、拉齐、伊本·西那等名人。公元999年该王朝为加兹尼人所灭。——译者

② 白里迪家族：三兄弟之合称，因其父曾执管过巴士拉邮政故得此名，为阿文“baridi”之译音，意为“邮政的”。曾在阿拔斯王朝后期起过重要作用。——译者

③ 卡尔马特派：是一种社会、政治、宗教运动，创始人为卡尔马特，从者甚多，故得名。卡尔马特派是伊斯兰教什叶派的伊斯玛仪派支派之一，公元899年在巴林建立国家。在沙姆地区、波斯、阿拉伯半岛南部和中亚有广泛影响。11世纪初衰亡。——译者

伊斯兰世界在学术上达到了顶峰，非以前各个世纪能比拟。如果说当时的政治果实已纷纷凋落，那么学术却结出了累累硕果。其原因在于伊斯兰诸王国当时争相用文人和学者为本国装潢门面并以此炫耀，因而学者受到宠爱并被赐以厚禄。另一个原因是，这些小国脱离了阿拔斯王朝，在经济上获得了独立，不必将钱财上缴巴格达，可自行支配。而学术常常是受经济因素制约的，这就使许多学者在诸国割据、自立的形势下得以安定下来，从事学术研究，这比在统一的国家条件更优越。例如，以前一个诗人只有去巴格达才能出名，而后来在本国内就可出名，或只要在巴格达以外的国土便可扬名。如诗人穆太奈比。甚至巴格达当地的学者也纷纷外流到埃及或其他地方，如阿卜杜・沃哈布・马立基、艾布・努瓦斯、艾布・台玛木等。

这个时代，出现了一种思想，多少世纪以来穆斯林一直信奉这种思想，即谁统治麦加和麦地那，换言之，谁统治了两座圣城，谁就最有权成为哈里发。

由此可以得出这样的结论：学术和政治并非并驾齐驱地共同发展，事实也许正相反，衰落的政治也可能伴随着发达的学术。因此，我们将伊斯兰帝国的历史分为若干朝代，每个朝代或强或弱，各具特点，这种划分并不能完全反映学术生活的情况。也许某一个国家的政治生命结束了，又一个新的国家诞生了，但它的学术生活却在持续进行，既没有结束，也没有枯竭。将伊斯兰帝国的历史划分为倭马亚王朝、阿拔斯王朝前期和阿拔斯王朝后期，仅仅根据其政治情况。伊斯兰帝国的分裂对穆斯林反抗十字军的侵略曾起过积极的作用。假如十字军东征时，整个帝国处于软弱无能的阿拔斯哈里发统治之下，便不可能阻挡十字军的入侵。然而十字军的入侵确被击退了，因当时哈姆丹王朝和萨拉丁王朝正值鼎盛时期。

阿拔斯王朝后期，首都巴格达只不过名义上属于阿拔斯哈里发，实际上则操纵在暴虐专制的突厥人手中。他们从阿拔斯家族中选择年幼、软弱、恭顺者做哈里发，使其不能参政。有时突厥人估计失误，上台的哈里发要与他们分享权力或进行反抗，突厥人便对其加以惩处、予以翦除。

总之，当时的哈里发与他们的先辈曼苏尔以及倭马亚王朝的阿卜杜·麦立克和穆阿威叶等哈里发相比，犹如巨人旁的侏儒。例如，当时穆格台迪尔任哈里发（伊历 295—320 年），他的母亲是罗马人，具备罗马人的精明。她参与摄政，从严治国，亲掌任免大权，严格教育她的儿子，禁止突厥人穆厄尼斯干政。后者恼怒之余，设计杀死了哈里发穆格台迪尔，并将其全身衣裤剥光，是一个路人经过时用草将其尸体盖住。其后，穆格台迪尔的同父异母兄弟嘎希尔上台执政，这是突厥人的精心选择，因其没有一个像穆格台迪尔之母那样强悍的母亲。尽管如此，还是发生了一场动乱。突厥人欲将嘎希尔罢黜，未遂，嘎希尔便杀了穆厄尼斯。于是，穆厄尼斯的同伙要求嘎希尔下台，遭到拒绝后，他们便将其废黜，并剜掉了他的眼睛，这种酷刑在伊斯兰历史上还是第一次。后来有人看见嘎希尔在清真寺门口行乞。他的继位者是他的侄子拉迪，一个著名的文学家。

拉迪之后，他的兄弟穆台基登上王位。突厥人图祖背叛了他，

并将他的眼睛剜掉了。之后，穆斯台克菲[①]继位，他的母亲也是罗马人。布韦希人[②]打算罢黜他，他便自动放弃王位，条件是保住其身体各器官的健全。但他的弟弟穆帖仪却坚持将其兄的眼睛剜掉了。就这样，哈里发终于剩得徒有虚名，丧失了一切实权。

*　　　　*　　　　*

这个时期出现了一种现象，即伊斯兰教法学家之间、逊尼派与什叶派之间分歧严重，结果导致了国家的破败。每个王国都被各种派别肢解、分裂，互相之间斗争十分激烈。当时沙斐仪派便以聚众滋事以对付他们的敌人而闻名。如一些历史学家有这样的记述：罕百里派在巴格达建了一座清真寺，他们利用前来这里栖身的一些盲人，遇有沙斐仪派人途经此处，便用棍棒痛打一顿，直至奄奄一息。

沙斐仪派教义流行于麦加和麦地那；哈乃斐派流行于伊拉克；在埃及，最为流行的是马立克派，该派也流行于摩洛哥和安德鲁斯。据说，著名历史学家塔巴里逝世后，是在深夜被秘密安葬于自己宅院内的，因为人们一致反对在白天下葬，怕罕百里派的人寻衅滋扰，因塔巴里曾写过一本书，只谈到伊斯兰教法学的马立克派、沙斐仪派和哈乃斐派之间的分歧而未提及罕百里派。当有人向他问及艾哈迈德·本·罕百里时，他说，罕百里是一个圣训学家而不是教法学家。雅古特在《地理辞书》里提到许多小国毁于派别之争

① 穆斯台克菲：阿拔斯王朝第二十二任哈里发，公元944—946年在位。——译者

② 布韦希人于公元945年12月赶走了突厥近卫军，成为巴格达的真正统治者。——译者

及各派狂热的宗派主义。这是一方面，另一方面，什叶派与逊尼派之间矛盾尖锐。阿拔斯哈里发及其追随者是逊尼派，竭力维护逊尼派主张；而埃及、沙姆地区、马格里布的法蒂玛人、哈姆丹王朝的勒比尔人、白克尔人和母才尔人、伊拉克的布韦希人等，则信奉什叶派。在库法有阿里陵墓，是什叶派最大的中心，甚至有人说，谁想口诵作证词[①]，谁就进库法的比梯赫宫，说一句“真主宽恕奥斯曼[②]”。据传，艾布·白克尔·绍里(伊斯兰历330年卒)曾散布过有损阿里声誉的传说，人们欲杀之，他便躲藏起来。波斯的古姆[③]派以极端的什叶派而闻名，甚至相传那里的人们没有名叫“艾布·伯克尔”或“欧麦尔”者，对此，一位逊尼派总督大为惊讶。伊斯法罕人尊崇逊尼派，反对古姆派。一次，一个古姆人辱骂了圣门弟子，由此，伊斯法罕人和古姆人之间爆发了一场战斗。

总之，逊尼派与什叶派之间矛盾尖锐，其缘由归结于他们看待哈里发问题的观点不同，这是一个染上宗教色彩的政治问题。什叶派认为，继承哈里发的权力非阿里后裔莫属，倭马亚和阿拔斯的哈里发都是非法的。哈里发是穆斯林的领袖，并兼有其他职能，是穆斯林的导师。因为哈里发具有免罪性，永不犯错误。通过继承获得知识，真主赋予他灵性，赋予他非凡人所有的特殊秉性……

派别之争、什叶派与逊尼派之间的斗争使伊斯兰帝国成了烈焰熊熊的火场，每天我们都能听到来自逊尼派的怒吼，因什叶派辱

---

① 作证词：即口诵“我证除真主外再无神灵，穆罕默德是真主的使者”。——译者

② 奥斯曼：四大哈里发之一，什叶派认为只有阿里及其后裔才是穆罕默德的合法继承人，不承认艾布·伯克尔、欧麦尔、奥斯曼等人为正统哈里发。——译者

③ 古姆：地名，伊朗西部一城市，公元644年被穆斯林征服。——译者

骂了圣门弟子；也能听到什叶派的抗议，因有人玷污了阿里或某一伊玛目的名声。巴格达某些大学者拒绝途经凯尔赫地区，因为在那里会听到辱骂圣门弟子的声音。有一人因藏有一本马立克教长的《穆宛脱圣训实录》便受到了法蒂玛人的严厉惩罚。当时人们思想之狭隘由此可见一斑。

法蒂玛人试图将他们的统治扩大到伊拉克一带，因而引起了激烈的斗争和根深蒂固的仇恨。

什叶派与逊尼派之间以及各教法学派之间的激烈分歧发生在那黑暗的时代，并不足为怪；令人不解的是，这种矛盾纠纷旷日持久，竟一直延续到了今天！

*　　　　*　　　　*

这个时期的一个突出现象是：教法的创制[①]之门被封住了。这并不是根据教法学家会议作出的决议，而只是由于人们普遍感觉到教法学家已软弱无能，于是便崇拜前辈的教法学家。从这时起，伊斯兰教法就停滞不前了：创新的时代结束了，僵化的时代开始了。四大教法学家似乎变成了被崇拜的偶像。教法学家裁判某问题必须符合过去该派教长所做过的裁判的精神，这就是所谓的“某一教法学派的创制”。在这之前，创制教律被公认是合法的，而且并不仅仅限于四大教法学派。如艾布·苏福扬·绍里派、奥扎伊派、扎希里派等几十个学派，甚至有记载说，有些学者不满足遵循某一固定的学派，因而另辟蹊径，自己创制。到了伊斯兰历四世

① 创制：即伊智提哈德，阿文 ijtihād 的音译，意为“尽力而为”，指根据伊斯兰教立法原则提出个人的意见。伊斯兰教法专用词。——译者

纪初，各个学派固定了，只剩下了四大教法学派。据说，废除了近五百家学派。从此，立法停止不前，伊斯兰教处于停滞状态。

由此，影响到其他学术、艺术领域，不仅教法学停止了创制，其他学科、艺术的创新也被禁止了。于是，文学便只剩下古代文学；语言只剩下了古老的词汇；整个伊斯兰世界死气沉沉。

从一学派转为另一学派便被视为犯罪；同自己的教长持不同意见被认为大逆不道。甚至有人要求学者们必须根据需要，在四大教法学派中任选一派来裁决问题，遭到教法学家的拒绝。结果，只好求助于欧洲的法律。

*　　　　　*　　　　　*

当时，经济状况恶化，国家财富分配不公，金钱源源流入王公大臣及受其荫庇者之私囊，人民大众则极度贫困。

当时国家收入的来源有被保护人的丁税、天课、地租以及其他名目繁多的各种租税。每当哈里发和大臣需要钱财，便吞掠、没收人民的财产。因此贮钱和埋财之风盛行一时，财富多是埋在地下或其他一些不受怀疑的地方。据传，有一位布韦希的埃米尔，急需一大笔军饷以阻止士兵哗变。幸运的是，他正巧看到一条蛇躲在屋顶，便下令搜寻，结果在房顶上发现一间夹层小屋，藏满了金子，埃米尔大喜，愁云顿消……当时在墙壁里、地底下发现的金银财宝数不胜数。

一位诙谐的作家写了一本书，名为《贫困与贫困者》，书中举了许多学者贫困潦倒的例子。其中有关于著名文学家台卜里齐的故事：他想请一位学者给他解释一部辞书，有人向他推荐了远方的艾布·阿拉·麦阿里。他将书放进马褡子里，自己背着走了很远，汗水浸湿了书，他还以为是天下起了雨……当时，有许多诗歌是吟诵“贫穷总与智慧相伴，富裕往往不离愚昧”的道理的。另外，财富、遗产被查抄充公的现象屡见不鲜，因此反映这方面内容的诗歌也不少。

艾布·侯赛因·莱基出任阿勒颇法官后，便开始查抄遗产，并声言“这些财产属于赛弗·道莱[①]，他自己只拿酬金”。

当时人们中流行“死者的财产归赛弗·道莱”[②]的说法，因此统治者竭力否定继承权，并想方设法使死者无财产继承人，以便侵吞他们的财产。

还有一种说法，声称统治者多将财产委托大商人保管贮存。

据说埃及总督伊赫什德是不动声色地对其亲信、部下及友人实行查抄的。对于他的侍从，连人带他们的武器、马匹、衣物一并没收。有的人生时幸免被查抄，死后亦难逃此厄运。

伊赫什德执政时，一位名叫阿凡·本·苏莱曼的埃及大商人去世了，伊氏从死者的遗产里获得了十万第纳尔。曾为布韦希人效力过的萨西布·本·阿巴德[③]刚一死，埃及米尔便派人抄检了他的遗产。因此，许多富人将他们的财富秘密地交给别人保管，以备遭抄家之难以后维持生计用。有些人将钱财埋在沙漠里，他们

① 赛弗·道莱(伊斯兰历303—356年/公元915—965年)：叙利亚哈姆丹王朝最强大的君主。生于白克尔地区，卒于阿勒颇。曾从伊赫什德人手中夺取了阿勒颇，与拜占庭军队作战并大获全胜。他在位时期国家文学、科学发达，涌现出大诗人穆太奈比、艾布·法拉斯和哲人法拉比。——译者

② 此处泛指王公大臣，意即：财产归统治者。——译者

③ 萨西布·本·阿巴德(公元995年卒)：大文学家、语言学家。曾为穆艾仪德·道莱和法赫尔·道莱兄弟俩出任大臣达十七年。——译者

采用的方法十分巧妙：雇用几个人，将他们关进大箱子里，由骡马驮出城，来到沙漠，然后打开箱子，放出人来，让他们挖洞埋金，之后再令他们钻进箱子，返回城内。这样做是为了防止他们知道埋金地点而把金子偷走。一些统治者采用粗暴的手段，强行提高关税、租税等税收项目。伊斯兰历375年，萨门萨木·道莱竟然欲将丝绸衣物的税款提到价格的十分之一，于是人们聚集在曼苏尔清真寺，中断礼拜，以示抗议。当时全城几乎发生骚乱，后来只好停止征收高税。税赋的提高并不局限于奢侈品，甚至像盐一类的生活必需品，统治者也想提高税额。

在这样恶劣的经济形势下，社会上出现了两种互相对立的现象：一种是苏菲派的产生。许多人看到难以获得自己所需，便索性放弃追求，信奉了苏菲派。他们忍辱克己、禁欲苦行、安贫守道。这一类苏菲主义颇为流行，他们奉行"所求既难实现，不如随遇而安、满足现状"的原则。另一种现象是偷盗横行。行窃者被称为"狡猾的贼"，他们拦路抢劫，私闯民宅，敲诈勒索，若遭拒绝，便袭击宅第，将财物洗劫一空。对此，塔巴里在其著作中多次提到。当时有一被称为"自愿军"的团伙，自告奋勇承担了消灭这些窃贼的任务。

*　　　　*　　　　*

在思想领域及文化传播方面，当时确实是进步的时代。这一时期，各种文化的融合业已完成：波斯人和印度人接受阿拉伯文化的教育并卓有成效；哈兰的拜物教徒和叙利亚人使阿拉伯国家充斥着希腊文化；哈里发出于自身利益的需要鼓励星相学和医学，继而学者们通过这两门学问找到了通向哲学其他学科的道路，如物理学、数学、神学。伊斯兰世界潜心于真诚的学术研究。每一学科的学者都依据希腊哲学对本学科如宗教学、语法学、词法学和修辞学等进行哲学性的解释。除此之外，还有哲学本身的研究活动。由希腊文翻译成古叙利亚文、由古叙利亚文翻译成阿拉伯文的翻译活动异常活跃。根据伊本·奈迪姆在《目录大全》、乔治·宰丹在《伊斯兰文明》中的记载，从各种语言，尤其是从希腊文翻译过来的书籍，数量之多，令人咋舌。伊本·穆加发等学者用纯正娴熟的阿拉伯文为我们提供了波斯文化财富；侯奈因·本·易斯哈格为我们提供了希腊文化遗产。所有这些，皆发轫于倭马亚王朝、阿拔斯王朝前期，成熟于伊斯兰历四世纪。学者们从译著中各取所需，并效法和引证。对希腊哲学的需要之所以日趋增加，还有一个原因，即伊斯兰帝国境内的基督教徒当时分成了雅各派、聂斯脱利派和麦勒卡派几大教派，围绕着耶稣的本质、命运和前定等问题展开了争论：究竟人是命中注定的还是有选择意志的？各派都以希腊哲学为武器，支持本学派的主张。这正是希腊哲学流行的原因。另外，有些人素来嗜用哲学解释问题，或纯粹解释哲学本身，正如安萨里[①]所言："我们本欲求与真主无关的知识，但最后却发现真主寓于一切知识之中。"什叶派国家兴起后，支持了哲学，更确切地说，它对哲学的大力支持远远超过了逊尼派。因为正是哲学帮助他们确立了探讨扎希里学派[②]和内学派[③]的思想；亦因为有哲学头

① 安萨里（公元 1059—1111 年）：伊斯兰教神学家、哲学家，被称为伊斯兰教权威。——译者

② 扎希里学派：扎希里为阿拉伯文"zahiriyah"的音译，即按"古兰经"字面意义解释法律的学派。——译者

③ 内学派：指寻求"古兰经"内在含义的人，又称巴颓尼叶派。——译者

脑的人一般是乐于接受哲学论证的，哲学使人们僵化的头脑灵活起来，开阔人们的眼界，使之易于接受新事物。唯其如此，我们发现这个时代的许多哲人热衷于什叶派，如法拉比、精诚兄弟社、伊本·西那等。如果说哲学在任何一个时代也没有像在这个时代这样开出如此绚丽的鲜花、结出如此丰硕的果实，并非言过其实。

这个世纪，人们分为三大不同的阶层，第一个是哈里发、大臣、大商人、名门望族等人的贵族阶层；中间阶层为中等商人、中等地主等；第三个是人民大众，包括小农、小手工业者、远离哈里发、埃米尔的学者等，是贫苦阶层。第一阶层的人财富充盈，他们及他们的女眷、亲属挥金如土、铺张奢侈。这个时期的国家预算达到了相当高的程度。哈里发尽管昏庸无能，却依然被当作国家包括分裂出来的小国的宗教领袖。哈里发征收各地租税，以供他本人和女眷挥霍享用。据史书记载，哈里发穆斯台因的母亲有一块地毯，做工费花了一亿三千万迪尔汗，[①]上面用金钱镶绣着各种形状的飞禽走兽，眼睛皆用宝石制成。一位诗人写诗歌颂了一个官宦家的淑女，便被赠予一块宝石，他卖得二万第纳尔。这些贵族家庭皆拥有众多各色人种的男奴女婢。据说，服侍穆格台迪尔的阉人多达一万一千人。他们分别来自罗马和苏丹。除此之外，贵族们还占有大量宫殿和宅第。穆仪兹在巴格达建造了一座宅第，造价竟达一千三百万迪尔汗。这种奢侈招致了大批男女歌伎的产生，在他们身上，耗费了大量的钱财。统治者在为歌女们聚敛财富的同时，有时也不得不在士兵身上花些钱。弄得入不敷出，只得千方百计

① 此数字似有误，原文如此。——译者

地去查抄、没收他人财产。被查抄者多为富人。据说，埃及一大珠宝商伊本·哲萨斯的迪尔汗多得用克莱[1]装载。他的全部财产后来被没收充公。这只是大富商的一例。

除上所述，地方长官、法官、书记官的薪俸也是一笔很大的开销。据记载，当时一位大官每天的薪水为三十三个半第纳尔，也就是说月薪一千第纳尔左右，相当于现在的五千埃镑。

据说，伊斯兰历四世纪初，埃及长官侯赛因·本·阿里马迪拉尼的月薪为三千第纳尔。法蒂玛王朝时，一位书记官每天所需的水果、蔬菜、糖果、香料、衣着等物品，能写满两三张纸。大臣们的薪俸就更高了，据记载，法蒂玛王朝时代，大臣的月薪为五千第纳尔，还不算他本人和其家属的衣食费用。若无上述种种敲诈和压迫，他们从哪弄来这么多钱！与我们如今“贫富乃社会制度所致”的观点相反，当时流行的看法是“富贵在天”。基于这种认识，制定出了产权限制法和累进税制法。因此我们看到此时期巴格达的突厥人和布韦希人残酷压迫、虐待人民群众；我们看到赛弗·道莱大肆掠夺，同时又大量馈赠。他赏赐诗人穆太奈比大量钱财，因为这位诗人吟诗歌颂他；他对他的堂兄艾布·菲拉斯却无比吝啬，不肯替他赎身，因他是君士坦丁堡的俘虏。我们看到胡马莱韦·本·艾哈迈德·本·突伦[2]将自己的女儿“露珠”嫁给阿拔斯哈里发时，不惜使埃及蒙受损害，他用纯金制造乳钵，为女儿在从埃及到

① 克莱：埃及的谷物量度名，1 克莱约等于 16.47 公升。——译者

② 胡马莱韦·本·艾哈迈德·本·突伦：突伦王朝的统治者，公元 884—895 年在位，将女儿嫁给阿拔斯哈里发穆耳台迪德。他在大马士革被杀，导致突伦王朝灭亡。——译者

巴格达的路上每站都建了行宫。后来的哈基木哈里发处置钱财随心所欲：或出手大方，慷慨无比；或吝啬透顶，一毛不拔；全凭个人意愿。贫富两个阶层，差别悬殊，犹如霄壤。与以上所述形成鲜明对照，我们看到艾布·哈彦·陶希迪[①]，尽管学识渊博、品格高尚，却被迫以沙漠野草充饥。他的老师艾布·苏莱曼·曼提吉[②]在阿杜德·道莱·布韦希给他一百个第纳尔之前，竟交不起房租。《谚语》一书的作者迈伊达尼[③]学富五车、情操高雅，聪颖过人，仅仅由于他清正廉洁，结果收入甚微。在这种黑暗的统治、压榨下，农民们被迫采取了一种“托庇”的方法。所谓产权托庇于王公大臣，即名义上属于他们，给他们以好处以换取减轻一半或四分之一的税额。这种做法的结果往往是达官贵人及其后继人认假为真，变名为实，称这些田产属于他们。这种情形颇像当今一些公司以廉价将地皮卖给某些地位显赫的人，以便借他们的声望得到水电供应，这时地皮的价格就会提高数倍。这就是农民投靠富人的“托庇”。

*　　*　　*

由于上述原因，道德败坏了，世风日下，高尚廉洁者甚少。因为影响道德品行的是内外环境，而这两种环境在当时都极其腐败。前面已论述了道德败坏的外在环境，即统治者们通过抄家、受贿等手段所表现的种种强暴行为。

---

① 艾布·哈彦·陶希迪：苏菲派学者、哲学家。卒于公元1010年。——译者

② 艾布·苏莱曼·曼提吉：阿拉伯哲学家。生前深得阿杜德·道莱赏识。生于巴格达，卒于公元985年。——译者

③ 迈伊达尼：波斯籍语言学家、文学家。生卒于尼萨浦尔。于公元1124年卒。——译者

据说，某总督在一天之内，对一个省先后任命了十七个省长，因为这样他可向每个新省长索取较前一个被罢免的省长更多的贿赂。于是大家在一起商量决定：最后一任省长趁未被免职，手中尚有权力之时，委派其余的每一个人去担任该省所属的一个区长，他照办了，这才使问题得到了解决。

统治者腐败不堪，民众纷纷效尤，致使社会风尚日趋败坏。更重要的是内部因素——家庭环境造成的恶果。当时一个家庭里就有若干自由妇女和几百个女奴，男人可以随意支配她们，让她们传宗接代。在穆斯林与其他民族战事频仍时期，这种现象并不足为怪；但战事少了，男人们终日沉湎于与女人厮混、寻欢作乐，生育后代，就不可理解了。可以想象，这样的家庭自然是充满了明争暗斗、尔虞我诈。后代子孙受其母亲的影响，互相嫉恨、视为仇敌、操戈动武之事时有发生。腐败既已充斥家庭和官场，百姓怎能不受影响？

十字军战争一开始就使大批白人女子变成俘虏，沦为奴隶。她们被分配到了各家，给各家带来了西方的影响。对于多妻制和充当女奴，这些西方女人自然要进行反抗，如此，家中岂有安宁？于是，家庭变成了地狱。

*　　　*　　　*

当时，优质工艺品在富人中间有市场，也只有富人才支付得起昂贵的价格。因此，工业产品只有两大类：面向富人家庭的豪华工艺品和供应人民大众的低廉产品。工匠们不愿生产中等产品。我们看到，在台尼斯等地的作坊里，熟练工匠制作漂亮、考究的衣服，质地上乘的瓷器和精致华美的奇珍异品；一般工匠则只制作普通的日用品。这种传统也许一直延续到了今天。

使这种状况有增无减的是哈里发、王公大臣们不仅收纳租税贡赋，而且接收工艺精湛、引人注目的珍贵礼品。当时的城市状况似乎比农村强。城市里王公贵族、各级官吏挥金如土，因而城市生活变得更奢侈、豪华。一个伯尔麦克家族的人同凯尔赫一珠宝商交涉，愿以七百万迪尔汗换他一小粒珠宝，遭到了拒绝。上面已经提到，埃及大珠宝商哲萨斯被查抄的财富超过了两千万第纳尔。巴格达一个名叫穆罕默德·欧麦尔的贵族，资产收入达二百五十万迪尔汗。在伊斯泰赫里，一罕扎莱家族的后裔将价值达二百万迪尔汗的《古兰经》分发给穷人。农村，情形就不同了。农民终日在田间耕作，受到地主的盘剥和压榨，他们能挣得糊口之食便心满意足了。倘若他们中间有谁偶然发了大财，也许会高兴得死去。传说艾哈迈德·本·突伦赠给一渔夫一大笔钱，当他转回来再看渔夫时，发现他已经死了，其子正在痛哭，伊本·突伦对他说："把你父亲的钱拿去吧！"儿子说："我若拿了这些钱，也会像他那样死去的。"于是伊本·突伦命人给渔夫之子用五百第纳尔买了一栋房子，说："致富需要慢慢来，否则主人会死掉。像这样的人，只能一个第纳尔一个第纳尔地给他。"

*　　　　*　　　　*

最高阶层中有些人是名门望族的后代，如阿里·法蒂玛的后裔或艾布·伯克尔及欧麦尔的子嗣，还包括一些显赫名门之后胄。所谓显赫名门，是指其祖上在阿拔斯王朝建国时期当过兵，打过仗，如此等等。这些人属于贵族并非因其家财万贯，而是由于他们门第高贵。

*　　　　*　　　　*

伊斯兰历四世纪，一大批贵族成为当时的知名人士，且不论他们是哪种类型的贵族，仅列举部分人名如下：易卜拉欣·本·希拉勒·萨比、穆仪兹·道莱·本·布韦希、伯尔麦克人哲哈兹、穆太奈比、白迪阿·宰玛尼·哈姆扎尼、艾哈迈德·本·塔巴塔巴、萨西布·本·阿巴德、艾布·阿里·嘎里、耳兹·道莱·本·布韦希、昭海尔·绥格里、艾布·阿里·法里西、伊本·哈里维、伊本·哈加吉、伊本·努巴塔、欧拜德拉·麦赫迪、艾什尔里、耳玛德·道莱·本·布韦希、赛弗·道莱、法梯卡、阿杜德·道莱、卡夫尔·伊赫希迪、瓦齐尔·本·白基耶、伊本·哲里尔·塔巴里、伊本·杜莱德、伊本·阿米德、伊本·苏凯莱、朱巴伊、苏里、伊本·安巴里、阿齐兹·本·穆仪兹、伊本·金尼等等。对于统治者的恣肆暴虐，我们已作了描述，但不应否认，其中少数人尚不失为公正者，如阿里·本·耳撒。

当时聚会风颇盛，王公大臣组织各种聚会。或讨论文学、科学；或饮酒取乐；有时，二者兼而有之。史书上记载了许多这样的聚会。各小国独立后，其王公争相仿效，以炫耀自己的权势和与自己亲近的文人。史籍里有关大臣穆海莱比举办诗歌、文学故事盛大集会有极其丰富的记载，由此，才有《诗歌集》的问世。又据记载，赛弗·道莱所拥有的诗人、墨客之数量不亚于当年的拉希德。在他的聚会上，诞生了大诗人穆太奈比、艾布·菲拉斯、哲学家法拉比、语法学家伊本哈里维等。在埃及，雅各·本·凯里斯等人亦如此。

有的学者自己创办诗社和学会，如逻辑学家艾布·苏莱曼、伊本·艾比·阿密尔等。这些聚会吸引着人们秉烛夜谈、畅所欲言，并从中吸取知识和文学营养。数不胜数的学术成果由这些聚会中产生。

这一时期，语法谬误大为流行，尤其是在家庭和市井。外国女奴增多，致使宫廷里的突厥人数超过了阿拉伯人。他们讲话时，把许多单词的字母随便增减、错误百出。他们说，布赫图里的语言比他的老师艾布·台玛木还要糟。

伊斯兰历四世纪，这种语法谬误流传甚广，甚至文人学者也染上恶习，以至于讲标准语言者反被认为是在因袭古代贝都因人的讲话方式。据说，著名语法学家赛阿莱布在讲演时也犯语法错误。古达迈·本·加法尔[①]则认为，只有纯粹的阿拉伯贝都因人才能讲出语法正确、地道、规范的标准语言，因为他们生活在只听到标准语言的环境中。他还认为，在易犯语法错误的国王、首领面前，讲话时应故意把语法讲错，因为国王是不愿见到他的部下超过他的，他若看到部下中任何一个人在某方面胜过他，就要与之竞争并且敌视他。正如史书记载，在一次由易犯语法错误的哈里发主办的聚会上，有一人犯了语法错误，当有人指责他时，他说，若语法正确算是一种美德，信士们的长官[②]该最先具备这种美德。据说，语法有误对于女奴、婢仆、青春少女，也许被视为优点，因为这证明了她们朴实单纯、涉世不深。大概正是这个原因使一些正统的学者，如哈里利等人编纂了许多大众语法谬误汇编一类的书籍，有一本

① 古达迈·本·加法尔：巴格达作家，以语言规范，言辞准确、善于雄辩著称，公元948年卒于巴格达，著有《地租》、《诗歌批评》与《散文批评》等书。——译者

② 信士们的长官：对哈里发的尊称。——译者

书，收集了许多民间流行的语法错例。与此同时，在不同的国家区域内形成了不同的语调，各国都有自己的地方方言。由此，在那些正统的语法权威和不严格遵守语法规则的自由派之间出现了分歧。

萨西布·本·阿巴德曾抨击穆太奈比咬文嚼字和使用生僻的词汇，如他使用的骆驼膝盖的复数，在形式上违反了常规。

毋庸讳言，这些正统语法权威为使标准语言流传至今做出了很大贡献。

伊本·哈加吉和伊本·苏凯莱使用了大量的方言词语、方言表达方式和方言习惯用语。常常可以看到伊本·哈加吉使用波斯词汇代替阿拉伯语，如“也是”、“打搅”、“资本”等词汇。伊本·苏凯莱在此方面也不逊色。

方言脱离了标准语，二者之间的区别日趋增大，各个区域均如此，致使方言也形成了自己专门的文学，如抑扬格诗、二重韵诗、谚语等。后来方言甚至动摇了谢尔比尼及其追随者提倡的语法。

如今，由于广播、报纸、杂志的媒介作用，方言土语发展了，并接近了标准语，如伊本·赫勒敦所说，除了方言里有时出现的构词混乱、句读停顿及无语法变格这几个因素以外，再没有什么能阻碍方言土语与标准语之间的联系了。[①]

当时，贫苦阶层一个已婚并已养有一子的成年人，一年的生活费用为三百迪尔汗，相当于今日一百二十镑，而高层人士的生活水

① 参看《阿拉伯语》一书，布罕·法克著，阿卜杜·哈里木·奈札尔译。

准则是没有上限的。《苦尽甘来》[①]一书告诉我们，一个曾为贵妇人唱过歌的人给儿子留下了四万第纳尔的遗产。这个儿子长大成人后，花一千第纳尔买下了他家的旧宅；用七千第纳尔置办诸如地毯、衣饰类的豪华家具，并添置了男奴女婢；抽出二千第纳尔专作经商的资本；藏了一万第纳尔以备急需；用两万第纳尔买了一座田庄留作后用。

当时，富裕的人，夏天居住在地下室里，从远方异地运来冰雪制作冷饮；在家里，使用被水浸湿的绸扇，由仆人为之摇扇，这是当时普遍的纳凉方法。

他们在家中宽敞的地方摆上沙发，晚上坐在沙发上聆听歌曲，饮酒夜谈。

有些富人喜爱养花，不惜高价买下，并根据不同的花卉季节，将花带到聚会上去。读一读法蒂玛王朝留下的书籍，便可了解到当时富人奢华到了何种程度。

富人注重在庭院里挖池、种树、购置木器家具以及建造带遮棚的阳台、装饰大门、卫生间，等等，同时，他们受波斯习惯的影响，重视建造公共浴池。他们在当时已知道了沥青，并自称精于制作，从库法、巴士拉一带运来，把它当作黑雪花石膏，涂盖在墙壁上。

富人的挥霍不仅表现在生前，而且体现在死后。哈木丹国王赛弗·道莱的一个亲戚死后，其尸体用各种香水沐浴了九遍。值得提及的是，在那个时代，人们习惯于大肆铺张操办丧事、悼念死者。有些学者死后，让家属将他们安葬在家中。

① 伊本·艾比·杜尼亚著，苏优梯改编。——译者

聚饮在当时颇为盛行，人们十分讲究排场，用水果、杯盘、灯盏、鲜花等作精心准备。有的人铺张到了每喝一口必换一匙的地步，如大臣穆海莱比便是如此。他们还有餐前饭后洗手的习惯。

当时出现了人贩子活动的场所，在这里，他们贩卖歌女，有时也举行歌舞演出会。据趣谈家们叙述，富家子弟把大量金钱抛在了这里，同时，年轻歌女也乘机诈取富人的钱财，同当今的情形毫无二致。

掷骰、下棋等娱乐游戏十分盛行，伊本·鲁米[①]曾对一个弈棋高手作过一段精彩的描述。当时，各种捐税多如牛毛，每当哈里发经济拮据，向歌女、店主、商船等征收的捐税便名目繁多起来。

不同城市的生活，各具特色，形成四大类型：地中海沿岸城市呈现希腊特点；汉志地区及也门各城市具阿拉伯特色；伊拉克诸城以波斯风格为主；沙姆地区一些城市则充满了罗马情调。

每个城市都不可避免地掺杂了其他城市的风格和特点。

*　　　*　　　*

人们经常庆祝各种节日，以此点缀平凡的生活并借机享受人生乐趣，至于节日本身是源于基督教还是出自波斯则是无关紧要的。几乎每个修道院都为它的圣徒举办诞辰贺宴，人们饮酒、弹唱，耽于女色，尽情欢乐。

莎比西提在他论述修道院的书中，伊本·穆阿台兹在他的诗歌中都谈到了许多这类节日。同时，有关“棕枝主日”[②]，史书中也

---

① 伊本·鲁米（公元836—896年）：阿拔斯王朝时期阿拉伯杰出诗人之一。——译者

② 棕枝主日：基督教节日。在复活节前的星期日举行。——译者

不乏记载，他们把它当作大众节日，埃及人称之为“橄榄节”，所有青年、儿童举着椰枣树叶走上街头。另外，他们同我们今天一样，食彩蛋庆祝“惠风节”[①]前的那个星期六。在巴格达，无论是穆斯林还是基督徒都在一个被称为“赛阿里卜修道院”的地方庆祝九月的最后一个星期六。十月三日，他们在“艾什木奈修道院”举行庆祝，这是当时巴格达人的一个盛大节日。如此等等，不一而足。

人们不仅在陆地，也在海上庆祝这些节日。他们乘坐着载有姑娘和美酒的“夜谈之舟”，尽情地欢乐、呼喊。由此看出当时供人寻欢作乐的节日繁多。波斯的主要节日有“元旦”，即新年，这一天，人们互赠礼品，到游乐场所去娱乐。伊斯兰的节日有斋月，在此期间，人们扶贫济困；还有开斋节和宰牲节。总之，由全体人民参加庆祝的这些节日——基督教的、波斯的、伊斯兰教的以及大自然的节日，使人们暂时忘却了统治者的暴虐，排遣了岁月的灾难带来的痛苦与不幸，找到了解脱的方法。

我们手中有两个材料可以证明这个时代的腐朽与世风败坏。

其一是哈里发阿卜杜拉·本·穆阿台兹的短律诗集，这一集子描写了他那个时代的混乱与腐朽。

关于暗杀财产继承人，他说：

贼子阿拉维，卑鄙数第一，
明明自由人，黑市做奴隶。

谈到什叶派，他说：

主麻赞颂伊玛目，一子不掏装信笃，

① 惠风节：埃及节日，在清明前后举行。——译者

欺压穷人是能手，背弃信仰良心无，
公开掠夺人钱财，手里屠刀鲜血涂。

谈到一位饱受折磨的贵族，他说：

多少人原本高贵，长相好车马堂堂，
一朝遭恶人算计，进监狱或赴法场。
长长一根黄麻绳，切成几段手中扬，
五花大绑捆得紧，好像锅子吊上墙，
拴紧脖子似木桶，幸灾乐祸斜眼望，
一顿鞭子哭红眼，就像羞涩大姑娘，
飞起脚来狠狠踢，无望求助太阳光，
身上再泼油一桶，白衣换成棕色装。
严刑拷打气力绝，厄运难逃有何方？
试问商家借点钱，要么卖掉我家当，
放我五天想办法，逼我伸手求四方，
中间人来说个情，一个子儿十个当，
写下变卖田亩书，发誓不再对公堂，
缴了罚金算了事，一筹莫展无指望。

他描写拦路抢劫的贝都因人，说：

商人跋涉想赚钱，朝觐多次求平安，
算算能挣几个子，从萨那到亚丁湾，
大中午仍忙赶路，早上出发直到晚，
人说来了贝都因，杀人越货不眨眼，
号称自己为圣战，刀剑铿锵不手软。

他描写库法城，说：

库法伤心诉，巍巍大都邑，
长老教派多，国家遭人欺，
暴戾似高楼，架起通天梯。
阿里被谋杀，公正廉明去，
再杀侯赛因，如同害自己，
污他篡遗诏，敢将经歪曲。
死后假意嚎，鳄鱼洒泪滴。

他描写一些人善于诡辩，而且不愿意说阿拉伯语，道：

午饭伴咖啡，舒适更怡人，
举拨弹四弦，嘲弄世间人。
社稷关我何，配主有多神。
赞美众先哲，喝彩声声震。
霉运与幸运，本质与感知，
突厥和中国，地厚天更深。
可笑礼拜人，诵经日日勤，
教法与圣训，可证复活人？

他描写军队哗变与倒戈，道：

每日王被杀，惶惶难安心，
此间背盟约，彼处死亡近，
多少领军将，瞬息变冤魂，
反叛再反叛，国土陷混沌。
曾经座上客，今朝马上军，
皮鞭头顶悬，诺诺忙称臣。
姑娘刚出门，白日遭人侵，

当着家人面，玷污清白身。
丈夫堪懦弱，只有哭声闻。
吃遍百家饭，傲然有身份。
如此国与家，必然沦为尘。

这一系列短律诗充分揭露了当时社会的黑暗与暴戾。

第二个是艾布·阿拉·麦阿里的《鲁祖米亚特》长诗。此诗对那个时代的描写令人瞠目结舌：

欺压众黎民，迫使其服从，
夺走百般利，还称为大众。

统治睡者不用脑，命令发出必服从，
日子为何我为何，世道不公罪恶行。

国王陛下你在上，恩泽滔滔如雨下，
莫怪王者多享乐，多少臣子护你家，
此前可曾想象过，外族亦能称老大？

君子逝去莫酸楚，此大地上由我驻，
伊拉克与大沙姆，王权痛失变奴仆，
小鬼称霸行乡里，妖风阵阵妖魔舞，
大腹便便酒囊满，万般丑恶罪昭著。

人间再无真信士，谁人堂前敬真主，
身居高位行不端，夺财有如鹰猎物，

一地一个执政官，横赋暴敛猛如虎，
霸人钱财据己有，百姓双眼泪入注，
身边围绕众帮闲，脸冷心硬似无睹。

如此，不论是逊尼派长老还是自称永不犯错的什叶派伊玛目：

祈盼伊玛目，群中挺起身，
早晚空礼拜，好像活死人。

生前不作为，死后无人访，
信者敌百丑，清廉留芬芳。

当时的宗教学者和诗人，不但不抨击邪恶，反而极尽谄媚之能事：

诗人原是一群狼，靠着阿谀抢食粮，
跪舔朝中众王公，千百诗篇来赞扬。

教长们简直就是道貌岸然的两面派，表里不一：

劝人要提防，莫把女人藏，
早上装斯文，晚上泄欲狂。

站在龛前假虔诚，转身酒肆喝尽兴，
有人参拜求后世，令其自省一边停，
假模假式登讲坛，奢谈末日吓众生，
不信复活一朝至，终日蹉跎混生平。

有个算卦人嘲笑女人的智商：

问大师小儿可得长生？
大师答活百岁为把钱挣。

谁知一个百日还未等到，
孩子就命丧黄泉熄灭了灯。

起早装扮出门去，请教卦师问吉凶，
卦师一问三不知，既无智慧脑空空。
假装通天又晓地，一切恰似竹在胸，
想问心头有啥事，诳语一通现精明。

此书中还谈到女人的放荡，她们如何出入浴室，与男人打闹嬉戏。总而言之，所有的人变成了邪恶的一群：

若将人们放筛中，纷纷落下筛中空，
天堂之水不稀罕，宁愿火狱求来生，
惺忪睡眼看不见，罪恶善良分不清，
最穷莫过那王者，纵身火海去匆匆。①

面对种种卑鄙、丑恶的现象，艾布·阿拉·麦阿里愤然疾呼：人群分两类，伪信或盲从！

*　　　　*　　　　*

艾布·哈彦·陶希迪在其著作里为我们描述了学者聚会的情形及研究内容。如在艾布·苏莱曼·曼提吉家中，日聚一次，讨论语言或文学，而大多数则是讨论哲学问题。

参加聚会者有艾布·哈桑·阿米利、古拉姆·祖哈勒等人。艾布·哈彦在《求知录》一书中记录了这些聚会的情况。在另一本书，《被忽略的与包罗万象》中，他向我们揭示了当时的某些社会弊

① 第26—31页“其一是……纵身火海去匆匆”为张洪仪译。——译者

端，并描述了他与大臣伊本·赛阿达之间争论的许多问题，为此，他还写过许多论文。他在《两个大臣的丑闻》一书中，对伊本·阿米德和伊本·阿巴得的丑行作了淋漓尽致、入木三分的描写与刻画。雅古特·哈迈威在《文学家辞典》中，对此书作了扼要介绍。

令人遗憾的是，宗教学家和文学家们并未站出来，大声疾呼，谴责这些丑行，反而采取了支持的态度。赛弗·道莱的法官为他暴敛钱财，艾布·塔邑布·穆太奈比却不顾史实，将赛弗·道莱吹捧为一个英明、贤德、宽容的君主。穆太奈比到了卡夫尔宫中后，同样是极尽阿谀逢迎之能事，只因后来卡夫尔未给他封官加禄，他才痛恨、斥责他。如若不然，他对卡夫尔的吹捧、赞誉简直会到无以复加的程度。

当然，有些群众、团体，主张舍生忘死、驱暴除恶，他们被称为“伊斯玛仪派”[①]和“阿萨辛派”[②]，为首的是哈桑·萨巴。他们立志消灭暴虐，在这种思想的指导下，他们抨击哈里发及当权者，揭露其暴行。他们杀害了尼查姆学派创始人、著名的塞尔柱大臣尼查姆·麦立克，并精心策划阴谋，制订暗杀方案。可惜，他们是法蒂玛派党徒，只杀逊尼派人而不杀阿里派人，即使杀逊尼派人士，也并非一帆风顺。至于被他们杀害的这位尼查姆·麦立克，却本是十分公正清廉、同情学者、鼓励科学的。他们没杀过一个公开的法

---

① 伊斯玛仪派：伊斯兰教什叶派的主要支派之一，秘密性组织，秘密发展教徒并有许多独立的派别，如阿萨辛派等。——译者

② 阿萨辛派：原意为服用“阿萨辛”（大麻叶）的人，亦称尼查里派。伊斯兰教什叶派的伊斯玛仪派的一支，公元 11 世纪末创立的一个宗教恐怖团体，后亦有“暗杀派”之称。——译者

蒂玛派人士，尽管其中有些人的昏聩腐败并不亚于逊尼派人。当时穆斯林需要的是不持任何宗教偏见的敢死队员，而这些敢死队员却并非是自身品行端正、道德高尚的人。

另外一种腐败现象的出现，归结于思想的空虚、迷信及邪说的流行。不知多少人的钱财被信口雌黄、任意胡诌的人吞噬了，甚至著名的大学者米斯凯韦[①]也相信了他们的话。他笃信卜卦、算命，相信星相家及一些苏菲派人士的骗术。艾布·阿拉在他的长诗《鲁祖米雅特》中对此有所指摘。

除此之外，人们分成了足以毁灭任何一个民族的多种宗派体系。从血缘划分，帝国境内的居民分为波斯人、突厥人、阿拉伯人和库尔德人等；从地域划分，又分成巴士拉人、库法人、大马士革人、埃及人等；此外还有各种宗教派别：沙斐仪派、马立克派、哈乃斐派、逊尼派和什叶派，等等，每个派别又有若干分支。由于人们拥有各种肤色的奴隶——白奴、黑奴，他们便沉湎于无度的纵欲之中。人贩子把自己的家变成了妓院，招徕青年人。穆罕默德·沃沙在他的《趣闻轶事》一书中描述了这种烟花场的特点：风尘女子如何挑逗男人，敲诈他们的钱财，一旦油水榨尽，便不再理睬；人们如何纵酒豪饮；龟鸨们如何拉皮条，等等。艾布·穆塔希尔描写了这样一个伪君子：一次，他坐在两个文学家中间，先听了右边文学家的诗，庄重发誓道，他从未听过修辞、寓意、选词、构句如此美妙的诗；又转向左边，诽谤他刚听到的诗句，接着聆听这位文学家的

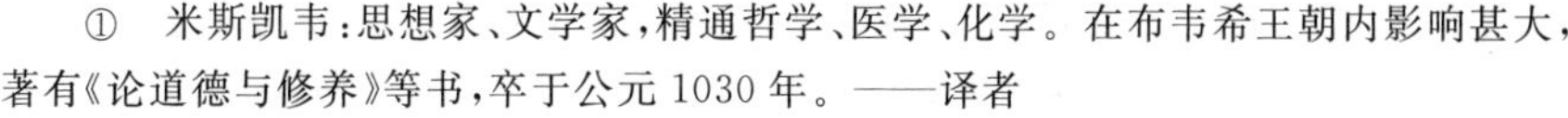

① 米斯凯韦：思想家、文学家，精通哲学、医学、化学。在布韦希王朝内影响甚大，著有《论道德与修养》等书，卒于公元1030年。——译者

诗，又是一番赞赏颂扬，信誓旦旦；然后再转向右边，先是贬低他人，继而当面奉承，如是，反复多次。这个伪君子实在只不过是当时众多伪君子之一。那些为哈里发、埃米尔高唱赞歌的文人墨客，明知其主子的奸诈、凶暴，却仍为其歌功颂德，不是与那个伪君子如出一辙吗？

因而，国家的衰落、道德的败坏，不足为奇。只是这种状况居然保留下来了，令人不解。

* * *

在当时伊斯兰帝国的社会生活中，还出现了这样一种人，他们是一伙身着特殊服饰的强盗，被称为流浪汉。诗人则把他们描绘成勇猛无畏、驰骋疆场的勇士。

伊本·艾西尔[①]认为在其他伊斯兰城市也出现了这种流浪汉。他们很有势力，大臣及地方官吏时常与他们坐地分赃，并不去剿灭他们。有时他们亦被称为“狡猾者”，有自己特殊的服饰。伊本·白图泰则称他们为“刽子手”。他们当中有人声称，如果富人拒绝缴纳天课，他们就要强行夺取。

毋庸置疑，这些人的长处是慷慨大方，他们像哈里发、王公大臣那样用请客、设宴等种种豪举来笼络民心，他们的宴会有时邀请上千人。另外，他们对家具、服饰和珠宝十分讲究。咏酒诗在他们中间颇为盛行，其篇幅之长超过了艾布·努瓦斯的作品。他们饮酒以磅计量，并且使饮酒之风在人民大众中流行开来。据史家记

① 伊本·艾西尔（公元1160—1234年）：著名历史学家，一生潜心著书，不喜交际，其《历史大全》（又译《全史》）为东方中世纪历史经典著作。——译者

载，法蒂玛王朝的哈基木哈里发曾下令把酒和蜂蜜都倒掉，以使不能再造酒。

当时，哈里发、埃米尔们有外出打猎的嗜好，并把它当成体育锻炼。

据史书记载，塞尔柱人麦斯欧迪素丹酷爱蓄养猎狗，甚至给狗穿绣衣，戴金项圈。当时哈里发还有收养各种猎狗、饲养家禽和训练羚羊的习惯。据说法蒂玛王朝的哈里发阿齐兹搜罗了许多其他人没有的珍禽异兽。

*　　　　*　　　　*

我们试图反映该时代的面貌，因为我们确信，它对于当时的科学、文学和艺术产生了重大影响。

法国人提恩认为，所有这些现象都在很大程度上受了环境的影响。这是完全正确的。他所指的环境包括了社会环境。

我们相信，如果没有这种环境，便不会产生苏菲派，便不会出现文学上的麦嘎麦，阿拉伯文学便不会陷入盲目的颂扬文学之中；如果没有什叶派在这一时期的传播，便不会产生这样的《精诚兄弟社论文集》，也不会有那些流芳百世的精美珍品、气势宏伟的建筑和富丽堂皇的宫殿等；如果没有这种环境，便不会出现一面是埋财藏宝、草寇蜂起；另一面是极度奢侈、挥霍享乐的状况；也不会有艾布·阿拉在他著名长诗《鲁祖米雅特》中发出的呐喊。

我们既在上一册对学术活动作了概括描述并对这一时期的环境有了笼统的了解，那么我们现在就可以详细地论述此时期的学术活动了。

本篇主要参考书目

《地理图书馆》
塔巴里:《先知与帝王历史》
伊本·艾西尔:《14 世纪的伊斯兰文明》
乔治·宰丹:《伊斯兰文明》
沃沙:《趣闻轶事》
伊本·穆阿台兹:《诗集》
艾布·阿拉:《鲁祖米雅特》
伊本·赫里康:《名人传记》
雅古特:《列国志》
其他在正文中提及过的阿拉伯文参考书目,此处不再列举。

第一章　学术活动详述:《古兰经》注、圣训学及教义学

《古兰经》注

前面讲过,最初《古兰经》注释是传闻注释。所谓传闻,指诸如布哈里和穆斯林《圣训实录》中传自先知、圣门弟子及再传弟子对《古兰经》的注释。

当时许多圣门弟子竭力回避解释《古兰经》的某个问题,生怕出纰漏。一旦解释错了,便会遭到攻击。据传,伊本·麦斯欧德的一个弟子被问及《古兰经》里某一节敕降的原因,他说,你当敬畏真主及真知灼见者,知《古兰经》降世原因者已去矣。又如,有人问赛义德·本·久拜尔[1]《古兰经》某一节如何解释,他说,与其回答这个问题,不如让我粉身碎骨。

然而,当时大胆注释《古兰经》者也不乏其人。先知的堂兄弟、阿拔斯哈里发之祖阿卜杜拉·本·阿拔斯便是其中之一。他对许多节经文作过注解,甚至构成了一整部经注。

---

① 赛义德·本·久拜尔(公元665—714年):库法人。著名再传弟子之一。曾师从阿卜杜拉·本·阿拔斯。公元714年在瓦西特城被杀。——译者

当然，有一些是伪造的，但大多数确实可信。《古兰经》注依靠三个来源：先知的遗训、蒙昧及伊斯兰时期的诗歌和已皈顺伊斯兰教的犹太人，尤其是克尔白·艾哈巴尔[①]和阿卜杜拉·本·萨拉姆[②]的传述。他们主要是对《古兰经》中提到的列圣的故事和与《旧约》有关的经文加以注释。

伊本·阿拔斯门下有许多弟子传述他的注释，其中最有名的是他的释奴伊克勒迈。此人的传述并不全都真实可靠，其中有自相矛盾的地方，如关于“祭品”，[③]他传自伊本·阿拔斯的注解有时说是伊斯玛仪，有时又说是易斯哈格。一些批评家发现，就连伊本·阿拔斯本人传述的许多事情也是在他幼年时发生的，有时他传述的事件竟是发生在他出生之前。他与先知交往时，还未成年。尽管如此，他仍然受到尊崇，也许是因为他的子嗣后来成为阿拔斯王朝的哈里发，从而受人阿谀奉承的缘故吧。在伊斯兰初期，有人受到广泛的犹太教育，经注学家受到犹太文化的影响。如有位名叫艾布·吉尔德的人，每七天读一次《古兰经》，用六天时间来读《旧约》。人们发现犹太人懂得许多与《古兰经》有关的问题。伊本·阿拔斯对古诗和新诗都有研究，从而使他能够对《古兰经》的许多章节作出注释。

---

① 克尔白·艾哈巴尔：最早的圣训传述者之一，犹太人。原住在也门，皈依伊斯兰教后来到麦地那。公元652年卒。——译者

② 阿卜杜拉·本·萨拉姆：犹太籍的圣门弟子。穆罕默德迁徙麦地那期间信奉伊斯兰教。——译者

③ 此处指要成为被宰杀的人。《古兰经》中有这样的内容：伊卜拉欣奉主命杀他的儿子为“牺牲品”。大多注释家认为被杀者是易斯玛仪，有人认为是易斯哈格。——译者

人的天性是每事必问个究竟。《古兰经》云:“你们用它的一部分打他吧!”[1]人们便问,那一部分是什么?真主曰:“你当以城市的居民为他们设一个譬喻。”[2]人们便问,哪个城市?居民是哪些人?如此等等。

当初,伊本·阿拔斯回答了这些问题。伊克勒迈、穆加西德、穆戈梯勒·本·苏莱曼等人都传述过伊本·阿拔斯在这方面的许多注释。到了阿拔斯王朝后期,这类注释在塔巴里(伊斯兰历310年卒)的《〈古兰经〉注》里达到了登峰造极的地步。塔巴里是历史巨著[3]和另一部鸿著《〈古兰经〉注》的作者,也是伊斯兰教律的创制者。但他的创制多已湮没无闻。真主赐予他超群的智慧从事每一项研究。他进行经注的步骤是搜集《古兰经》每一节的传闻注释,从中择用一种。他只在极少数的情况下才传述以色列式和基督教式的注释,并且常说明这些注释无足轻重,不知道也毫无损害。如,有人问从天降赐给耶稣的桌子上是否有食物,是何佳肴,诸如此类。他认为知道这些毫无意义。又如,提到优素福被他的兄弟们出卖一事时,有人问,他们得了多少迪尔汗将优素福卖掉了。塔巴里说,真主未告诉我们确定的数目,真主的使者穆圣也未提及此事。知悉这个数目于宗教无任何意义,不了解也无损害。相信《古兰经》乃天启,这是我们必尽之责;其余之事非吾等必须知晓,欲了解之必很勉强。此类例子甚多,足以证明塔巴里的机敏睿智。他语言造诣高深,知识渊博,故他的注释通俗明晰,毫不晦涩。

① 马坚译:《古兰经》,2:73。——译者

② 同上书,36:13。——译者

③ 此处指作者的《先知与帝王历史》一书。——译者

他为自己立下的信条是：意志自由，反宿命论。他的经注体现了这一信仰。他同穆阿台及勒派人就一些主张进行了争论，但并未提及这些人的姓名，他们的注释在当时是公开的。如真主说"犹太教徒说：'真主的手是被拘束的。'"[①]有人将"手"解释为恩赐，而塔巴里则认为，倘若如此，真主便不会有"其实，他的两只手是展开的"[②]之言了，因为天赐之恩惠是不可以数量来计算的，而两只手即两种恩赐，就成为可数的了，如此等等。

塔巴里经历了各派之间的斗争，并直言阐述自己的观点，这在当时是难能可贵的。尽管如此，他还是遭到圣训派尤其是罕百里派的攻击，他们阻挠、破坏他的研究。当他隐居家中时，那些人向他投掷石块致使他家门口石块堆积如山，成千名士兵去护卫他。他死后没有为他举行葬礼。真主是不重形式的，真主将勤奋与智慧赐给他，这是最好的酬报。

*　　　*　　　*

尽管如此，伊斯兰初期仍有一些人对《古兰经》作理性的注释。其中最著名者当属穆加西德。[③] 他学识渊博、富有理智，在谈及有关变犹太人为魔鬼的故事时，他说，真主并未丑化他们的身躯，而是使他们的心灵丑陋不堪了。对于一些涉及拉赫曼·比利多统治地位不稳固的言论，他也作了解释。继他之后，在穆阿台及勒派影响下，不断出现理性解释《古兰经》的核心人物，查希兹在《动物志》

---

① 马坚译：《古兰经》，5：64。——译者

② 同上。

③ 穆加西德：圣训学家、语法学家、当时最有权威的诵经家。巴格达人。公元936年卒。——译者

一书中对《古兰经》的某些章节作的注释,以及引自奈萨姆注释的部分经训章节,便是佐证。[①] 这个活动到伊斯兰历四世纪时也达到了高峰,其标志是扎马赫沙里[②]所著的《凯沙甫》[③](意为《降示的真实背景及隐微节文注释的传说线索》)一书。

* * *

许多穆阿台及勒派人编写了数百部《〈古兰经〉注》,但流传至今的只有一部,即《谢里夫·穆尔台迪[④]会议集》。穆氏曾主持过多次学术集会,在会上,他用穆阿台及勒派的观点解释《古兰经》、《圣训》和语言,因他本人就是一个具有穆阿台及勒派观点的什叶派人。这些集会记录被保存了下来,并在埃及以《穆尔台迪讲授录》为名印刷出版。书中所提到的《古兰经》章节,其注释都是符合穆阿台及勒派的五项原则的。这些原则我们已在论及该派时阐述过了。如真主云:"你们当知道真主能干涉个人的心灵。"[⑤]显然,这一节与穆阿台及勒派主张的意志自由论相悖,但穆尔台迪却巧妙地进行了注释,使其不离穆阿台及勒派的主张……

然而这些注释毕竟只是按穆阿台及勒派的观点对一部分,而

① 奈萨姆:穆阿台及勒派著名代表、教义学家、逻辑学家兼诗人。艾布·胡载里的学生。受教于巴格达,对伊斯兰教思想史产生过重大影响。公元 845 年卒于巴格达。——译者

② 扎马赫沙里:语言学家、语法学家、经注家及修辞学家,有穆阿台及勒派倾向。公元 1144 年卒。——译者

③ 《凯沙甫》:系阿文"Al-kashāf"的音译。逊尼派著名《古兰经》注释本之一,两卷。该书虽具有穆阿台及勒派某些反正统观点,仍为正统派广泛采用。——译者

④ 谢里夫·穆尔台迪(公元 966—1044 年):什叶派教法学家,著名诗人、多产作家。生卒于巴格达。——译者

⑤ 马坚译:《古兰经》,8:24。——译者

非全部《古兰经》章节进行的注释。

给我们以完整印象的是扎马赫沙里的《凯沙甫》。如果说塔巴里的《〈古兰经〉注》达到了传统注释的顶峰，扎马赫沙里的经注就是理性注释的最高典范。

扎马赫沙里的注释注重说明《古兰经》的风格、修辞及雄辩。他能够如此，得力于他对阿拉伯语言和风格高深的造诣。他在《修辞基础》中对直陈和隐喻所做的区分也能证明他雄厚的语言功底。这是因为他曾在希贾兹居住了很长时间，甚至被称为"真主之邻"。在这期间，他聆听了阿拉伯语的修辞方法并将它运用到了自己的经注中去。扎马赫沙里不仅精通语言，而且熟谙穆阿台及勒派的教义。他解释了所有与穆阿台及勒派的五项基本原则有关的《古兰经》章节，例如涉及意志自由、公正为本、信守诺言以及真主的本体与属性之统一等问题的章节。

他解释真主"在那日，许多面目是光华的。"[①]这段话时，认为这里的所见是用心灵而非眼睛。又如《古兰经》云："当我要毁灭一个市镇的时候，我命令其中过安乐生活者服从我，但他们放荡不检，所以应受刑罚的判决。于是我毁灭他们。"[②]这一节表面上看是说人被迫作恶，这不符合穆阿台及勒派的观点，于是他便将此节解释成为与该派观点相吻合的意思。《凯沙甫》一书以下面一段经文作为宗旨："他降示你这部经典，其中有许多明确的节文，是全经的基本；还有别的许多隐微的节文。"[③]明确的节文是那些意义明晰

① 马坚译：《古兰经》，75：22。——译者

② 同上书，17：16。——译者

③ 同上书，3：7。——译者

的经文本源,如真主说“众目不能见他,他却能见众目”[①]。如果某些节文与此不符,便应设法加以注解。如真主说“在那日,许多面目是光华的。”扎马赫沙里将此段经文解释得尽人如意,即人们内心期待真主的恩泽而非用眼睛观望真主。这便与上一节“众目不能见他,他却能见众目”相吻合了。真主说“真主不命令人做丑事。”[②]意义明确。在解释另一段话“我命令其中过安乐生活者服从我,但他们放荡不检”时,便应与这段话相符,而不应互相矛盾。扎马赫沙里的所有经注都是如此。

扎马赫沙里认为《古兰经》本文许多章节采用了隐喻、借喻、比喻的笔法,他在注释中总是对此加以说明,并指出这些拟人或想象的笔法……[③]。

《古兰经》中所有涉及将安拉拟人化的词汇,如“手、脸、王冠、权位”等,在扎马赫沙里看来都是隐喻或借喻,而非事实。因为对安拉是不能作具体化、形象化描绘的。

扎马赫沙里是一个严厉冷酷的人,他不仅依自己主见进行经注,而且粗暴对待持不同意见者,攻击他们无知或堕落,甚至他的朋友们也不免有时遭到他的攻击和蔑视,因而引起了人们对他的反感。

有趣的是,他不信“人遇精灵”这类迷信和妖术。有些经文表面看去含有妖术之意,如真主说:“我的孩子们,不要从一道城门进

① 马坚译:《古兰经》,6:103。——译者

② 同上书,7:28。——译者

③ 以下七行引《古兰经》原文和扎马赫沙里的注释说明作具体实例。略去不译。——译者

城，应当分散开，从几道城门进去。[①]”在“曙光”章里说：“我求庇于曙光的主，免遭他所创造者的毒害；……免遭吹破坚决的主意者的毒害。”[②]他便解释成有人食毒物、饮毒汁或吸毒气，或是那些狡诈的妇女们，或是那些以卖弄姿色勾引男人的风骚女人。他坚决否定很多人声称看见过精灵的说法，其根据是真主说：“阿丹的子孙啊！……他和他的部下，的确能看见你们；而你们却不能看见他们。”[③]

无疑，扎马赫沙里花费了巨大心血进行《古兰经》注释，显示了他的卓越的才能和超凡的智慧。

因此，他不仅受到穆阿台及勒派，也受到什叶派和逊尼派的称赞，因为后两派仅仅是回避那些与自己观点不符，带有穆阿台及勒派观点的问题。

因此，塔巴里和扎马赫沙里堪称《古兰经》注释两大名家，为后来的拜伊达维[④]、艾布·苏欧德[⑤]、法赫尔·拉齐[⑥]等经注家开创了先河。

即使有人抨击扎马赫沙里，也并不否认他的语言、修辞水平及其雄辩才能。

除了这些用穆圣和圣门弟子的言论解释经文的经注家和用穆

① 马坚译：《古兰经》，12：67。这一节是优素福的父亲对其子说的话。——译者

② 同上书，113：4。——译者

③ 同上书，7：27。——译者

④ 拜伊达维：《古兰经》经注家。生于拜伊达，故名。公元1286年卒。——译者

⑤ 艾布·苏欧德（公元1493—1574年）：哈乃斐派著名伊斯兰教法学家。——译者

⑥ 法赫尔·拉齐：著名的经注家。公元1210年卒。——译者

阿台及勒派观点解释经文的经注家之外,还有一些人是依照什叶派的观点解释经文的。他们尊崇阿里及其子孙,贬低艾布·伯克尔、欧麦尔等哈里发。他们的经注与原文本意相去甚远。如,他们说摩西的族人命人宰杀的那头母牛是阿绮莎,称吉卜特和塔乌特这两个恶魔是穆阿威叶和阿慕尔·本·阿绥,等等。类似的荒诞之言,不一而足。

还有一些人主张解释《古兰经》应符合人们正常的思维方式。凡《古兰经》中出现的可能违背人们理性的事情,他们都随意解释。他们的主张甚至有些怪异,如他们看到无辜的儿童与他们的父亲一道淹没在水中,便加以注释说,真主使妇女在洪水之前就已经不育,十五年内无一女子妊娠;[①]当他们认为诺亚生存了九百五十年一事不可思议时,便说,本句话意指诺亚的法律而不是他本人;关于易卜拉欣的奇迹,他们认为易卜拉欣身上涂满了抗燃药物,以此迷惑了那些将他抛入火中的人们的眼睛。

他们认为,真主以黏土石击败了以大象为战车的军队[②],这是因为那些士兵水土不服,患麻疹、天花等传染病,故被消灭了;苏莱曼未见到的那只戴胜鸟,他们认为是一个人……对列圣所造的所有奇迹,他们皆持此态度,甚至连穆罕默德的奇迹,他们也不承认。他们只承认《古兰经》的降世是奇迹。

他们这样做也许是因说书人热衷于奇闻轶事的缘故。正像有

---

① 这是一种辩解,即妇女已十五年不育,故并无无辜的儿童丧生,被水淹没者皆为犯罪的成年人。——译者

② 此处指公元570年埃塞俄比亚军队借助大象向麦加的阿拉伯人进攻一事。——译者

人评论这些说书人道:“对于他们,谈论一只会飞的骆驼比谈论一只行走的骆驼有趣得多;虚幻的梦境比口传的故事吸引力要大得多。”对其他趣闻奇迹、诸先知故事,他们一概如此,这在尼沙浦尔人赛阿莱比[①]的著作及他的经注《列圣故事里的新娘》中、在我们现有的《哈齐因[②]经注》一书中可见一斑。

这一时期,有一部分人主张解释《古兰经》要适可而止。他们说,我们在《古兰经》里看到,有些章节是表达宿命论观点的,有些则是表达意志论观点的,我们不知该如何解释,最好是适可而止,由真主来裁决。许多经文表现了两个不同的侧面,包含了两种对立的意思。持此种意见的著名代表人物是欧白德拉·本·哈桑·安巴里,有人问他对非宿命论者和宿命论者的看法,他说,他们全都是正确的:这些人尊崇安拉;那些人敬畏安拉。同样,有些人称通奸者为虔信教者,是对的;有人称其为叛教者,也是对的;有人称其为堕落者,是对的;有人称其为伪君子,也没错。因为《古兰经》里包含了所有这些意思。这一派被称为“吾古夫派”,即适可而止派。还有一些人主张用苏菲派观点注释《古兰经》,例如祝奈德[③]和苏福扬·绍里,[④]他们将一些表明事物现象的《古兰经》经文注解成为说明灵魂或魔鬼或天使等意念的经文。由此可见,当时是派系丛生,意见纷纭,出现了不是派别服从《古兰经》,而是《古兰

① 赛阿莱比:经注家,亦通历史。公元1035年卒。——译者

② 哈齐因:圣训学家、经注家。生于巴格达,公元1341年卒。——译者

③ 祝奈德:著名苏菲派主义者,生卒于巴格达。公元910年卒。——译者

④ 苏福扬·绍里:创制法律派的著名圣训学家。生于库法,公元718年卒于巴士拉。——译者

经》受各派别摆布的局面。

圣　训

伊斯兰历四世纪，收集的圣训条目越来越多，出现了许多圣训巨卷，如《布哈里至圣实录》和《穆斯林圣训实录》，篇幅更长的是伊本·罕百里的《穆斯纳德圣训集》[①]，所搜集的穆罕默德言行达六千万条[②]。圣训条目如此之多，究其原因有二：一是多有伪造。各种民族的箴言警句进入了圣训录，其中还夹杂有一些其他民族的原有信条。二是学者们苦心收集。那时候，圣训学家四处走访，各客栈挤满了做生意的商人和周游各地搜集圣训的学者。

除了搜集圣训，还出现了一些与圣训学有关的学科，如鉴别圣训问世先后顺序的学问。如果某人传述的一段圣训与另一人所传述的相矛盾，人们可根据圣训问世的先后，证明后者更正确，而前者则被废止了。又如哲尔哈与泰阿迪勒学[③]，是论及一个圣训学家必备的素质及成为正直之人的必备条件的。诸如此类的学科纷纷应运而生。

伊斯兰历四世纪，出现了一种思想，认为传述书本里的圣训就够了。据说，伊本·曼代是最后一位旅行访察的圣训学家。伊

---

① 伊本·罕百里对穆罕默德言行的汇录。“穆斯纳德”系阿拉伯文译音，原意为“按传统世系汇编。”——译者

② 此数字有误。原文如此。该圣训集收有圣训三万条，系从七百多名圣门弟子传述的七十五万条圣训中选出的。——译者

③ 系阿拉伯文“Jarh”和“tádīlu”的音译。原意为反驳和矫正。——译者

本·优努斯(伊斯兰历 347 年卒)则被认为是圣训学的首领和维护者,尽管他从未去外地旅行考察过。当时,圣训学家在各类学者中声誉最高,他们受到敬仰和崇拜,他们的薪俸超过了教法学家、语法学家和其他学者。

当时传述圣训有一大优点,即加强了圣训学家的记忆力。有些圣训学家能背诵几千段圣训,并能追溯传述世系,尽管这是十分困难的,而且传述世系十分相似。据说,伊本·穆耶希尔(伊斯兰历 401 年卒)有一张长八十七腕尺[①]的书桌,两边装满卡片记有他所背诵的圣训之首句。摩苏尔的法官(伊斯兰历 355 年卒)背得二十万段圣训。当时有些人视诵读圣训为修身养性的一种途径,相传,赫忒布·巴格达迪[②]用了五天时间给艾哈迈德·麦卢齐之女凯丽玛读《布哈里至圣实录》。伊斯兰历四世纪最大的圣训学家是艾布·哈桑·达莱古特尼[③]和哈基姆·尼沙浦里,也许后者更加著名,他为圣训设立了各种专有名称:正确的、良好的、不足的,使其各有依据,并为此制定了圣训学基础,沿用至今。他把传述者分了类,把哲尔哈(意为伤害)和泰阿迪勒(意为矫正)也分为几类,各有专用名词……有人说,在他之前,伊本·艾布·哈提姆(伊斯兰历 327 年卒)已经这样做了。学者们对圣训学和传述世系法进行批评,为圣训学家作传并对他们进行评议。哲尔哈和泰阿迪勒成为以布哈里《历史》一书或同类书为根基的学问,在这方面,学者们

---

① 1 腕尺约等于 0.58 米。——译者

② 巴格达人。圣训学家、历史学家、教法根源学家。公元 1072 年卒于巴格达。著名著作为《巴格达历史》。——译者

③ 圣训学家、颂经家。公元 995 年卒于巴格达。——译者

成绩斐然。人们说赫忒布·巴格达迪对传述圣训的人颇有研究，他编纂了一本关于父辈传述子辈传述的书和一本关于圣门弟子传述再传弟子之传述的书。当时人们热衷于撰写传记，重视历史，也许是出于圣训学家对圣训传述人的重视，甚至连文学家和历史学家也效法圣训学家，追究传述世系。如艾布·法拉吉作《诗歌集》、塔巴里著《先知与帝王史》，二人都提到传述世系，尽管这在文学中并无太大价值。因为一则文学报道或一件文学作品自有其独特的价值，而不在乎传述世系是否正确。

据说，赫忒布对见诸文字的材料进行批评时可以准确无误地指出哪些是伪造的，显示了他杰出的判断力和对有关人物、历史背景的洞悉与通晓。

圣训学家不辞劳苦、不畏贫寒、勤奋搜集圣训，认真评判圣训真伪，其精神的确可嘉。但他们过分依赖口头传述、不作理性分析的做法，又确实带来了不良影响，穆阿台及勒派被取缔后，尤为如此。当时，穆阿台及勒派高举“理性”的大旗，而圣训派则一味“因袭”、传述，穆阿台及勒派的“理性”曾抑制了圣训派的“因袭”。而当穆台瓦基勒哈里发镇压穆阿台及勒派后，圣训派的主张得势了，几乎所有的学科都变成了“传述”。其结果，创造发明少了，人们单纯推崇前辈作者的语言，穆斯林处于停滞、僵化的状态，几乎看不到一本新书或一个名副其实的新见解，所有的思维方式都是按照一个僵死的模式铸出来的。

人物传记的写法采取了圣训学家写人物传记的形式，只提及事件，不作任何考证，如我们在《诗歌集》中所见。令人遗憾的是，这种模式居然战胜了穆阿台及勒派的方针，本来，穆阿台及勒派的创作方针是十分牢固、缜密、为绝大多数人所遵循的。

圣训学派受到指责的另一个原因是，他们对传述世系的重视超过了内容本身。也许世系的传述有误，与理智和事实相悖，但由于巧妙而未露破绽，他们便欣然接受。如“食七个蜜枣，当晚不会中毒”、“受女人指挥的男人一事无成”的说法等等，尽管为理智和事实所否定，但圣训学家们却认为是正确的，因为他们找不出反驳的理由。甚至布哈里和穆斯林也不例外。也许用伊斯兰教的教义检验一下人们传述的圣训，会发现有些圣训与伊斯兰教教义是有出入、相抵触的，尽管传述世系并没有问题。

有些圣训学家学会了伪造者狡诈、圆滑的作风。无怪乎有人这样评价某些圣训学家：“我们需要的是他们的主张，但不接受他们传述的圣训。”圣训派的做法限制了其他各门学科的发展，因而在语言、文学、语法、词法领域很少再有创见，只是传述前人说过的话而已。倘有不同，至多不过是在语言表达上有难易之分，篇幅上有长短之别罢了。

当时，圣训派势力颇大，对他们的做法稍有微词者便会被群起而攻之，并被指责为伪信教者。

历史上这类例子屡见不鲜，最早的例子是前面提到的，圣训派对塔巴里的迫害。更有甚者，这种敌视并不局限于学者之间，而是各个派别都竭力使人民大众亦卷入纠纷，以便依靠民众的力量来打击对手。

尽管如此，仍应看到由于圣训学家的作用，宗教的、世俗的文献都受到了细致的检查与审定。正像当今历史学家所做的那样。

教　义　学

教义学的产生首先由于穆斯林需要用哲学武装起来保卫伊斯兰教,正如敌人用哲学武装起来攻击伊斯兰教一样。其次,因为所有的问题,包括宗教,都变成了科学而不再是朴素的本能意识了。

在先知、圣门弟子、再传弟子时代,就曾有某些智者提出过一些令人深思的问题,但被压制了。后来,问题被重新提出,这次没有受到压抑。如真主的属性是真主本身所固有的,还是不是固有的?人是宿命的还是有意志自由的?犯罪者是罪人还是信士?还是悖逆者?等等。

由此,又引起了其他一些令人费解的问题,如“突变”、“原子”等。希腊人曾对这类问题进行过探讨,后来又传到了阿拉伯,故而促进了研究的深化。

穆阿台及勒派对教义学贡献最大,因为当初犹太人、拜偶像的基督教徒攻击伊斯兰教时,他们是伊斯兰教最坚定的捍卫者。许多穆阿台及勒派信徒被派往各地,对异教徒的攻击给予理性的回击。

后来,穆阿台及勒派名声大噪,地位提高,因为他们中间涌现出了一批杰出人才,如瓦绥勒·本·阿塔[①]、艾布·胡载里[②]、奈萨

---

① 瓦绥勒·本·阿塔:穆阿台及勒派创始人之一。主张人类意志自由;人类是自己行为的创造者;理智具有识别善恶的能力;《古兰经》是“被造之作”。公元748年卒。——译者

② 艾布·胡载里:穆阿台及勒派著名代表。教义学家、思想家。生于巴士拉,居住于巴格达。瓦绥勒·本·阿塔的信徒,是使希腊哲学对伊斯兰教教义学发生影响的第一人。公元850年卒。——译者

姆、查希兹等，这是由于有人提出了“《古兰经》系被造之作”之说。由此产生了教义学的问题：逊尼派认为，真主具有不是其本身固有的属性；穆阿台及勒派则认为真主的属性是其本身所固有的。这又引出了逊尼派的主张：真主具有的言语的属性，不是真主所固有的，而是与之相联的，《古兰经》亘古有之，即《古兰经》是真主早就说过的语言，后来降示于穆罕默德。最初，他们并没有说定本上的《古兰经》是亘古已有的，只是说真主的言语是亘古已有的，而穆阿台及勒派则否认真主具有不是其本身所固有的言语的属性，由此产生了他们的“《古兰经》乃被造之作”之说。围绕此问题，双方展开了长时期的争论，我们在《阿拉伯伊斯兰文化史的近午时期》中已作了介绍。

有关教义学问题的讨论是在当时流行的五个派系中展开的，即：逊尼派、穆阿台及勒派、麦尔吉阿派、哈瓦立及派和什叶派。每个派系内因意见分歧的程度不同又分成若干支派。围绕信仰及与此有关的问题而产生的分歧属教义学；围绕枝节及与此有关的问题而产生的分歧则属教法学。

我们看到教义学最初与教法学是融混在一起的，有些教法学的问题就包含在教义学内容里。后来是穆阿台及勒派使教义学从教法学中分离出来。

在原有问题的基础上，穆阿台及勒派又引出了一个新问题：伊玛目问题。也许，什叶派对此起了重大作用，因为什叶派有自己独特的、与逊尼派截然不同的见解。穆阿台及勒派的命题里最重要的是前定问题，这个问题源于琐罗亚斯德教派，因此有人说穆阿台及勒派是二元论者。伊本·哈兹姆[①]说:“是穆阿台及勒派创造了‘属性’这一词,之后,便流传开了。”他形容穆阿台及勒派具有四种特征:风趣、博学、放荡和喜嘲讽人。他们酷爱争论,如查希兹便以此著名,因此,教义学被称为“凯拉姆学”(言语之学)。

他们的方针,我们在描述扎马赫沙里作经注所采取的方针时已作了介绍。

穆阿台及勒派不共戴天的敌人是逊尼派。

艾布·哈桑·艾什尔里[②]最初为穆阿台及勒派人,后脱离了该派,并以他们的武器反对他们。艾什尔里吸收了穆阿台及勒派的一些理论,又从它的敌对派别中吸收了一些理论,形成了一个综合的派别,试图将理性与正统传述加以调和。

艾什尔里在一些著作中这样写道:“我们所说的话,所信奉的宗教,都是奉行真主之旨、先知之法及圣门弟子、再传弟子和圣训权威所传述的教律,其中包括艾哈迈德·本·罕百里。我们言他之所言,违反其言论者,我们便回避之。”

但是一些著名的逊尼派人并不十分赏识艾什尔里,他们认为在他的一些言论中,可觅到源于穆阿台及勒派思想的踪迹。

安德鲁斯伊玛目伊本·哈兹姆在其著名的《关于教派和异端

① 伊本·哈兹姆(公元994—1064年):中世纪西班牙伊斯兰教思想家、神学家、哲学家、法学家兼诗人。科尔多瓦人。著作四百余种,涉及教义学、史学、逻辑学、圣训学等多方面。——译者

② 艾布·哈桑·艾什尔里:中世纪伊斯兰教正统派神学家。生于巴士拉,公元935年卒于巴格达。力图把正统派和穆阿台及勒派加以调和,用部分唯理论的论据以证实正统派的信条。写有许多攻击穆阿台及勒派的著作。后成为伊斯兰经院哲学(新凯拉姆)的创始人。主张该学说的艾什尔里派被称为“穆台凯里姆”。——译者

的批判》一书中，用犀利的言辞对艾什尔里进行了鞭挞。

本章主要参考书目

经注类：

《塔巴里经注》

《扎马赫沙里经注》

伊本·赫勒敦：《历史绪论》

朱尔德吉尔：《伊斯兰教派及其对经注的影响》

米特兹：《伊斯兰文化史》

圣训类：

伊本·赫勒敦：《历史绪论》

米特兹：《伊斯兰文化史》

教义学类：

伊本·赫勒敦：《历史绪论》

麦格迪希：《最佳〈古兰经〉注》

米特兹：《伊斯兰文化史》

艾布·白克尔·巴格拉尼：《〈古兰经〉的雄辩》

伊本·赫里康：《名人传记》

第二章　伊斯兰教法与苏菲派

我们在前几册中已叙述了前期伊斯兰教法的历史。到了伊斯兰历四世纪，教法产生了新的变化，其最明显的现象是教法的创制之门被堵住了。在前几个世纪，教法曾达到了它的光荣之巅。到了四世纪，学者们受时代的局限，封住了创制之门，这在当时也是十分自然的事。盖莱旺城的教法家赛义德·本·哈达德(伊斯兰历330年卒)说，“只会因袭、模仿的人是缺乏头脑、智力低下的人。”由此而产生的后果是：

(一)囿于因袭前人、热衷于解释、理解、摘抄前人的著作。

(二)用少量的文字汇总许多枝节问题，有损教法学和其他科学。

(三)局限于眉批和表皮问题。

(四)注重对问题的假设。

这种情况是当时政治、社会历史的自然结果。哈里发们时而处于突厥人的统治下，时而又受布韦希人的摆布。而这些突厥人和布韦希人并非像他们的前人那样精通阿拉伯语。在这之后是鞑靼人的侵袭，他们毁灭了仅存的一些城市文明，泯灭了人们的志气。

起初，法学家的活动范围很广，当创制之门被关闭以后，他们的活动便局限于如前所述的几个方面：摘取前人之说，领会以前伊玛目的言论，规定各种义务，尤其是释放（奴隶）和休妻两方面。

这是因为家庭中男女、儿童奴隶数目日益增多，奴隶私逃、签订赎身合同之类的奴隶事件不断发生，法学家们便在这方面开拓学术范围。休妻渐多则起因于当时的多妻、多女奴及妻室与女奴之间、女奴内部之间的猜忌，因此这方面的律例便多了起来。

同样，语言学家为教学也订立了许多规定，譬如从什么词形、如何派生出词汇，等等。对问题缺乏总体认识的法学家们便争相效尤，在文字上定下许多无聊的规定。

此时期伊斯兰教法的另一种现象是教派宗派主义盛行。众伊玛目本身是宽容的，并不指责同行的创制，他们对意见自由有充分的理解，正如我们在莱伊斯・本・赛阿德[①]给马立克・本・艾奈斯的信中所见。又如，尽管沙斐仪批评过艾布・哈尼法，但还是承认在伊斯兰教法问题上，人们得益于艾布・哈尼法。他说"我们的教法学派是正确的，但难免有错；别的教法学派是错误的，但也有正确之处。"而那些宗派主义者却竭力证明自己正确，抨击对方的言论。他们所做的一切不过是作出一种庸俗的创制，即所谓"某一教法学派的创制"。这无非是说：如果有传自伊玛目的两种传述，法学家只选择一种。

举几个有趣的例子：伊拉克哈乃斐派领袖艾布・哈桑・凯尔希[②]编纂了《简明教法》一书，解释了穆罕默德・本・哈桑[③]的《教

① 莱伊斯・本・赛阿德（公元713—791年）：埃及著名的伊玛目、圣训学家、教法学家。——译者

② 艾布・哈桑・凯尔希（公元874—952年）：伊斯兰教法学家，生于凯尔赫，故名，卒于巴格达。——译者

③ 穆罕默德・本・哈桑：伊斯兰教法学家。致力于传播艾布・哈尼法教法。公元748年生于瓦西特，804年卒于雷伊。——译者

法》和《教法大全》，但他对新问题却没有任何个人的创制和见解。又如艾布·侯赛因·古杜里[①]，他也写了一部著名的《简明教法》，并解释了凯尔希的《教法》，编著了《台智里德》一书，专门论及艾布·哈尼法与沙斐仪之间的分歧。

由于教法学家之间矛盾尖锐、宗派情绪严重、争执不断，一门新学科诞生了，谓之"研究与辩论的礼仪"，即为防止辩论失去控制，而要求辩论者在辩论时应遵守的一些规定。安萨里为执行这些礼仪的最高典范制定了八个条件：

（一）尽量不是专门从事研究工作的。

（二）辩论并非必尽的义务，如发现更重要的义务可放弃辩论。

（三）辩论者应是教律的创制者，有自己的意见和主张；但一旦发现别的观点是正确的，不论属哪一派都应采取之。

（四）只能就现实或接近现实的问题进行辩论。

（五）辩论者应择僻静之地举行辩论而不是在公开场合或朝廷官吏面前哗众取宠。

（六）应以追求真理为目的，不管最后真理是属于自己还是属于他人。

（七）不应阻止对手改变论据，哪怕是前后论据相互矛盾。应欢迎别人接受真理。

（八）辩论目的应是双方受益而非有意寻找弱者，以求取胜。

安萨里说："他那个时代，辩论之灾难在于嫉妒、狂妄、自负、嚼

① 艾布·侯赛因·古杜里（公元 973—1037 年）：伊斯兰教法学家。对哈乃斐派教法贡献颇大。其著作《台智里德》共七卷。——译者

舌、多事、虚伪及固执己见、不承认错误。”

也许正是当时辩论甚多、学者们争强好胜以及他们对达官贵人攀附逢迎这些因素，使安萨里放弃了在尼查姆学院[①]任教授的职位而隐居大马士革。

此时期出现了这样一种现象：在所有的问题上都要坚持某一教法学派的主张，禁止由一个学派转到另一个学派，有如禁止改信另一宗教。例如沙斐仪派和哈乃斐派就是这样。另一种现象是在马格里布、埃及、沙姆地区出现了什叶派。他们同逊尼派各派如马立克派、沙斐仪派进行了残酷的斗争，并用武力强迫人们信奉什叶派。他们见某人有一本马立克的《穆宛脱圣训实录》，便将该人处死。他们在马格里布就是这样做的，戈迪·耳雅德向我们讲述了法蒂玛人是如何大肆推行什叶派主张、残杀违抗者的。他在艾布·白克尔·本·胡载里和易斯哈格·本·白尔召的传记里，讲述了他俩因不屈服于什叶派而被囚禁、被捆绑在牲畜尾巴上最终被折磨至死的情景。后来，当逊尼派得势时，也用同样方法整治什叶派，直至消灭了他们的教派。凡此种种，皆出于政治原因，但却被披上了宗教的外衣。

法学家同苏菲派之间的分歧是当时最突出的矛盾和最大的灾祸。实质上，伊斯兰教并没有把二者对立起来，而是教导人们既要履行形式上的义务，又要重视内心的修养。这些都将受到安拉的监督。真主之言证明了这一点：“信士们确已成功了，他们在拜中

① 安萨里曾于公元1085年成为塞尔柱王朝首相尼查姆·穆尔克的门客。公元1091年被尼查姆派往巴格达伊斯兰最高学府尼查姆学院任教授，致力于哲学研究。公元1095年后隐居大马士革达十一年之久。——译者

是恭顺的。"[1]真主要求人们作礼拜，并在同时保持内心的虔敬。圣门弟子、再传弟子也是如此，他们既完成宗教礼仪，又保持心灵的美好。随着教法学家的增多以及他们对教律的深入钻研，我们看到，这些教法学家过分地强调履行表面仪式，如小净、礼拜、天课以及这些仪式何时适宜进行，何时不宜进行等等，却忽视了情操、灵魂等内在的心理意念。与此同时，苏菲派过分强调内在的心灵的功课，却没有对形式、礼仪给以足够的重视。于是形成了教法学家和苏菲派、教法学和苏菲主义之间的对峙。苏菲派指责教法学家只重表面皮毛之事；教法学家则指责苏菲派夸大精神作用，乃至超出了伊斯兰教的本旨，故法学家称苏菲派为内学派。

另一方面，在对待伊斯兰教的原则这个问题上，有些人主张禁欲苦行。这或是因为他们在生活中失意，或是因为未觅到发财之路，或是因为他们生性厌恶世俗的享乐和喧闹多彩的生活，或是因为他们生性敏感，听到了真主的话："窖藏金银，而不用于主道者，你应当以痛苦的惩罚向他们报喜"[2]。于是他们内心充满对地狱的恐惧，害怕由于他们的财富和享乐在末日受到严厉审判。

历史上记述了伊斯兰教初期许多苦行者的例子。他们当中有人遵循真主的教导，"你说：今世的享受，是些微的；后世的报酬，对于敬畏者，是更好的。"[3]拒绝任何享受，在食、宿、与人交往以及一切生理乐趣上实行禁欲。正如盖希里所言"在真主面前，有一件披袍者胜于有两件者。"他们奉行独身，守贫禁欲，不断探讨、争论"贫

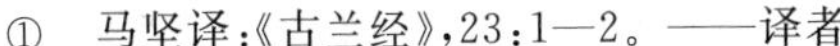

① 马坚译：《古兰经》，23：1—2。——译者

② 马坚译：《古兰经》，9：34。——译者

③ 马坚译：《古兰经》，4：77。——译者

穷与富贵，在真主面前哪个更佳？”的问题。有些人采取了其他的苦行方式，甚至真主允许的某些事情也在他们的禁止之列。有人将“在那日，你们必为恩泽而被审问”[①]中的“恩泽”理解为“饮凉水”，于是就禁止喝凉水，害怕末日受审。苏菲派出现后，对苦行进行了哲学的解释，把它分成若干等级、种类。他们的苦行是像基督教修道士那样，身穿粗毛织衣，由此得名苏菲派。这种称谓很贴切，符合语言本意。最初，当苏菲主义与教法混为一体时，它还是纯粹伊斯兰教性质的，当时的苦行是自愿奉行伊斯兰教义。这种情形持续了整个倭马亚时代，其开创者为哈桑·巴士里。[②] 后来，许多其他民族的宗教信徒，如基督教徒、犹太教徒、波斯袄教徒、印度教徒等信奉了伊斯兰教，希腊哲学、新柏拉图主义流行起来，苏菲主义便博采各家之说。于是，有些人认为苏菲主义染上了波斯琐罗亚斯德教和印度各教派的色彩；另一些人则认为苏菲主义染上了基督教的色彩；还有人认为苏菲主义带有新柏拉图主义的色彩。所有这些因素相互融合、渗透，随着时代的变迁形成各种思潮，各有其不同的发展道路。如，波斯人叶齐德·比斯塔米[③]将“寂灭于真主”的思想和其他一些以前穆斯林不曾知道的思想带入苏菲主义。麦阿鲁夫·凯尔西，伊斯兰历200年卒，曾是波斯的基督徒，生活在巴格达的凯尔赫区，由此得名。他讲了一些古怪的

① 马坚译:《古兰经》，102:8。——译者

② 哈桑·巴士里(公元642—728年)：伊斯兰教圣训学家、穆罕默德的再传弟子。因遵奉苦行与自守深得苏菲派信徒尊敬并被奉为先驱。——译者

③ 叶齐德·比斯塔米：卒于公元875年。与以下提到的麦阿鲁夫·凯尔西、拉比阿·阿德维耶皆为伊斯兰教史上著名的苦行、修身、自守者并为后人所称道和效尤。——译者

话，如“真主之眷爱并非靠学习获得，而是真主馈赠和恩赐的”。又说：“真主的信徒懂得三件事：想真主所想，为真主而行，忧真主之忧。”他曾对他的学生塞里尤·塞格提说：“你若需要真主便以我的名义起誓，祈求真主吧。”拉比阿·阿德维娅——其名字就证明她是阿拉伯人——使苏菲主义充满了对真主的热爱。艾布·苏莱曼·达拉尼(伊斯兰历 215 年卒)说：“如果把知识比作一个人，谁见到它都会被它的极度美妙、可爱震惊而死。它绚丽夺目，使一切光辉黯然失色。”就这样，苏菲派每个名家都给苏菲主义注入新的成分、增添新的色彩，致使构成伊斯兰苏菲主义的诸因素驳杂纷呈，连权威学者也对此迷惑不解。

从另一方面讲，教法及其他学科更多地是依靠理性、依靠逻辑思维和理性思辨，而苏菲主义则像爱情那样，依靠直觉和本能，它不遵从逻辑和理性。

*　　　　*　　　　*

我们看到，在现实生活中有三类人：一类人富于理性思维，热衷于理论研究，他们属于科学型，最适于在大学里从事科研；另一类人相信心灵感应，依靠直觉和感情，他们最适于搞文艺美术，如文学、诗歌、音乐、绘画等；第三类人的特长体现在他们的手上，这类人最适于从事工业及手工业活动。智慧的民族善于通过各种方法了解人民，懂得他们之所长，以使人尽其才。

苏菲派属于第二类人，相信直观、潜意识和感觉。对他们不宜提出有关理性论证的问题，反之，他们倒有可能感情冲动地说出他们自己也并不理解的话，似乎他们本身就是没有身体、没有大脑的感觉，是没有思想的感情，是没有控制的冲动。谁具备这种特点，就适合作苏菲派，只是程度不同罢了。至于大脑发达、在生活中善于以逻辑思维进行推理的人，则有可能成为哲学家、物理学家、法律学家，或一切别的什么专家，唯独不能成为苏菲派。

因此，我至今不理解，伊本·西那何以兼哲学家与苏菲派于一身，因为哲学与苏菲主义是水火不相容的。我读过大思想家伊本·赫勒敦关于苏菲派的一篇论文，这是一份手稿，只因其作者是伊本·赫勒敦，我才珍爱它。我认为其中最精彩的一段是对如何成为苏菲派的探讨"欲循苏菲派之路是否须先向一个教长讨教苏菲主义？"这是一个理性的探讨，而非苏菲派的探讨。正因为如此，教法学家们所领悟的事物被称为知识。苏菲派说，法学家和哲学家用理智了解的事物，我们可以用本能的启示去发现。

当时有两种思想，一种应称之为"二元论"，认为安拉独立于万物并居高临下，主宰一切，对万物施以恩泽，又统管着宇宙万象之规律。安拉居于大地之上、天空之上、万物之上。世间有两种相互明显区别的实体：被造者与造物者、被主宰者与主宰者、被统治者与统治者。

另一种思想主张世界的统一性，换言之，是一元论思想，认为安拉与创造的万物是统一的，统治者与被统治者是同一事物；安拉寓于万物之中，安拉就是万物。按其进化程度，安拉在万事万物中均有体现。如，人体中的安拉高于动物中的安拉，动物身上的安拉则高于植物中的安拉，如此等等。

持第一种思想的人认为人是用科学、逻辑定理来认识安拉的，这种认识的最高形式是哲学。持第二种思想的人则认为人通过知识来认识安拉的。这种知识是通过训练得到的，完成了训练，心灵便净化了，安拉便在其心灵里留下了印记。据传，著名苏菲派信徒艾布·赛义德·艾比海尔会见了伊本·西那之后，有人向他问及伊本·西那，他说："吾所见为他所知。"有人向伊本·西那问及艾布·赛义德，答曰："吾所知为他所见。"尽管这段故事是杜撰的，但却表明了一种正确的意思。《古兰经》里既有第一种思想，又有第二种思想的现象：许多处是将造物主与被造之物区分开的；也有些地方是合二为一的。如"当你射击的时候，其实你并没有射击，而是真主射击了。"[①]注重第一种思想的是教法学家，相信第二种思想的是以穆哈义丁·本·阿拉比[②]为首的大多数苏菲派信徒。第一种人的创制被称为沙里阿[③]，另一些人的创制被叫作哈吉盖[④]。法学家被称为沙里阿派，苏菲派被称为哈吉盖派。最初的穆斯林如同《古兰经》所作的那样，调和两种思想，使二者兼而有之。但是后来，各自夸大了自己的意见，出现了法学家与苏菲派之间的对立。法学家过分强调表面礼仪，苏菲派则过分强调内心修炼。教法学家与苏菲派人都视对方为异端，称对方偏离了宗教的正轨。

我们看到，历史上王公大臣多是支持教法学家而反对苏菲派的。其原因有二：一、苏菲派提倡禁欲、轻视尘俗，这种观念一旦流于公众，势必不利于王者，限制其所作所为，且无人从事耕作；二、

① 马坚译：《古兰经》，8:17。——译者

② 穆哈义丁·本·阿拉比（公元1165—1240年）：苏菲派神学家。生于西班牙，卒于大马士革。"一元论"学说创导者，把客观事物和人的自由意志都看成是真主的本质和属性的表现。写有大量关于苏菲主义、宗教学、哲学、传记和诗歌等著作，最著名的是《麦加的默示》和《格言集》。——译者

③ 沙里阿：系阿拉伯文"sharía"的音译，意为"法律"。——译者

④ 哈吉盖：系阿拉伯文"hakika"的音译，意为"真理"。——译者

正统的苏菲派只恭顺于安拉，他们是真正信仰"除安拉外再无神灵"这一信条的，他们不屈从任何一个国王或埃米尔，这自然要激怒统治者。因此，在每一场教法学家与苏菲派人之间展开的争战中，埃米尔总是站在教法学家而不是苏菲派一边。那些当时打着"苏菲派"招牌的人除外，因为他们同教法学家一样，也是埃米尔手中的傀儡。

总而言之，这两种思想有着鲜明的对立。伊斯兰历五世纪初，安萨里曾试图将二者调和起来，为此他写了《宗教学科的复兴》一书，号召维护形式上的条律，如斋戒、礼拜、天课、朝觐；同时也提倡发扬高尚的情操，在净化外表的同时净化心灵，否则表面的那些礼仪形式便失去了价值。他为消除教法学家与苏菲派人之间的敌对情绪做出了很大贡献。持第一种思想者是通过钻研教法、经注、圣训、教法原理等知识的途径向真主靠近；而另一种信仰的人则是通过忍饥挨冻等肉体上的磨炼来接近真主的。

后者认为，如果他们这样做了，就会实现他们称之为的"天启"，并依循这种天启而看到真理，就会体味到非眼能所见、耳能所闻、心能所感的乐趣。他们的全部精神寄托于真主，凝聚于真主。最初，这种"天启"不过是间断的、短时期的乐趣，随后，通过锻炼，他们很容易达到"忘我的幻境"。尽管如此，只要他们活在人世，就不可能完全地或经常地进入"完全忘我的幻境"，除非死去。这里我们要问，这两派中究竟哪一派更接近真正的宗教？哪一派对社会生活更有益？这是一个难以解答的问题。因为，在法学家中有对人民有益的法律，有极为真诚、忠厚的人，如马立克、沙斐仪、艾布·哈尼法、艾哈迈德·本·罕百里、塔巴里、达乌德等。在苏菲派中同样不乏忠诚者，如古沙里[①]、艾布·叶齐德·比斯塔米、穆哈义丁·本·阿拉比等。这些人的与世无争、廉洁克己、克制私欲是对人们有益的。但是，遗憾的是两派中都出现过骗子。有的教法学家只注重表面形式，其内心却很空虚；虔诚的教法学家一旦制定了良好的法律，那些教法学家就著书教人们如何逃避法律责任；还有人沉湎于表面的繁文缛节达到了荒谬妄诞的地步。苏菲派中同样也有骗子，他们不仅热衷于赞念真主等表面礼仪，而且还大搞其他迷信、荒唐的活动。实际上，苏菲主义的欺骗性比伊斯兰教法中出现的欺骗性更大，因为苏菲派的生活特性为蛊惑人心的迷信活动打开了大门。并由此产生了符咒、玩火等妖言惑众的虚幻做法。这两派的欺骗都给穆斯林和宗教事业带来了巨大的影响和危害。

现在是应引起穆斯林注意的时候了。他们应起来消灭这两派中间的骗子，支持两派的忠诚分子。社会需要一种法律解决现实问题，这是教法学家的任务；社会还需要一批远离邪恶、贪婪、利欲熏心的人，这是苏菲派的职责。不如此，穆斯林便没有了依靠——不能事事推之为安拉的前定。

总之，教法学家与苏菲派之间的尖锐分歧持续了几个世纪，现将其分歧扼要总结如下：

（一）教法学家热衷于表面的宗教礼仪，苏菲派则格外重视内心修炼。

---

① 古沙里：著名苏菲派神学家，对教法原理、教义学和经注学皆有研究和贡献。生于尼沙浦尔，公元1072年卒。——译者

（二）苏菲派在各个时期都要找出一种激怒教法学家的说法。如：比斯塔米创造了“寂灭于真主”[1]之说，教法学家对此一无所知并极力加以否定；拉比阿·阿德维娅发明了“真主之爱”之说，教法学家不能接受，他们说，爱只能发生在人与人之间，而不能发生在人与安拉之间，人只能是敬畏、服从安拉，而不是热爱；埃及人祖奴[2]则提出了令教法学家诧异的精神修炼的“阶段”和“状态”的主张。

（三）一些苏菲派人没有严格遵守宗教礼仪，他们说，谁达到了“圣徒”的地位，便可不拘泥于形式。——最初的苏菲派曾遵守教法，并加以倡导。但后来有些人企图摆脱礼仪教法的束缚，并且散布“犯有过错并不妨碍其成为‘圣徒’”的说法。我们看到哈拉智[3]受到谴责，其罪名是他宣扬“只在家中屋内朝觐就可以了，无须再去圣地朝觐”。艾布·哈彦·陶希迪著有一篇题为“理性朝觐”的论文。尽管我们费了很多气力，仍未找到原文。

更有甚者，一些苏菲派人持有十分奇特的见解，如同情魔鬼伊比里斯，宽宥他拒不叩拜亚当的行为，因为他知道向非安拉者叩拜是不允许的。法老亦被宽宥，因他的不虔诚是执行了安拉的旨意，若安拉命他虔诚，他会照办的，等等。

---

① 指教徒赞念真主时，全部精神寄托、凝聚于真主，进入了忘我的幻境，与真主融合为了一体。——译者

② 祖奴：苏菲派著名代表，生于上埃及。第一个解释苏菲主义和系统地阐释了神秘主义学说。其巫术和炼丹术之书流传至今。公元861年卒于埃及。——译者

③ 哈拉智（公元858—922年）：伊斯兰教苏菲派著名代表，生于法里斯附近的图尔城，公元908年从麦加到巴格达，传播禁欲主义和神秘主义。曾被指控为伪信者，入狱八年，公元922年被判刑而死。——译者

（四）苏菲派声称，谁与安拉的关系达到“寂灭”的程度，便会掌握宇宙及其规律，创造出异乎寻常、类似列圣所创造的那样的奇迹。教法学家则否认这一点，他们认为安拉的规律只有先知才能掌握。

我们看到一些苏菲派名家创造出了某些堪称奇迹的事情，尤其是在当时科学尚未发达的年代，他们就能通过苦心修炼，以敏锐的感觉创造出我们今天称之为“催眠术”、“招魂术”等后来被现代科学所发明的东西。还有些人能创造出其他更加令人不可思议的事情来。

当时，这些奇迹令人瞠目。特别是他们中间许多人从事化学工作，利用这门科学，他们做出了一些被人视为“魔术”的事情。如，在人体上涂抗火剂，于是人体便不怕火烧；又如，他们利用化学混合物向人们显示奇迹，如被传为苏菲派神奇人物的查比尔·本·哈彦[①]、祖奴、哈拉智等。我们知道，古代有些化学家，包括上述这些人，他们能将金属化为金子，其费用不可数计，当然由其追随者支付。现代科学已证明了这样一个理论：铁原子、铅原子与金原子的区别仅在于各自的核外电子数量不同，而核外电子的实质是一样的。如果能使铅原子的核外电子数增加到与金原子相同的数量，铅就变成了金子。

教法学家否认上述一切，他们认为苏菲派人是在玩弄幻术、制造怪异现象。苏菲派人则认为教法学家只重视表面现象，故而称

① 查比尔·本·哈彦：阿拉伯著名化学家。库法人。他写有许多化学著作，其中《化学之奥秘》、《化学之本源》等被译成拉丁文。公元815年卒。——译者

他们为“世俗人”。于是双方之间冲突尖锐。双方分歧的原因还在于苏菲派依照他们的准则，为人宽容，胸襟豁达。他们认为基督教徒、犹太教徒以及所有宗教人士，无论是有天启经典的教徒还是拜物教徒，都是在崇拜神祇，其中的虔诚者都是热爱神祇的，尽管所崇拜的对象不同。宗教虽然各异，但目标一致，殊途同归，其区别仅在于名称上。伊本·阿拉比对此作了最精辟的论述：

“我之心可包罗万象：僧侣的修道院，羚羊的牧场；拜物教徒的庙宇，朝觐者的天房；《圣经》的文字，《古兰经》的篇章。我信奉‘爱’的宗教，不管它来自何方；爱，是我的宗教，我的信仰。”

*　　　*　　　*

对以上的思想，哲拉鲁丁·鲁米[①]在一首用波斯文写成的苏菲派诗歌中也作了充分的表述。这首诗被译成了阿拉伯文：

我的心灵：灿烂的光明啊！不要离开我，不要离开我。

我的爱情：耀眼的景象啊！不要离开我，不要离开我。

我头戴伊斯兰教的缠头，腰系琐罗亚斯德教的腰带，我戴着基督教的标志，我带着光明。不要离开我，不要离开我。

我是一个穆斯林，但也是基督徒，是婆罗门教徒，是琐罗亚斯德教徒。至高无上的主啊，我信赖你。不要离开我，不要离开我。

我只有一个礼拜堂，那就是清真寺、基督教堂或供奉神像的庙宇，在那里我得到了无比的恩惠和满足。不要离开我，不要离开我。……

---

① 哲拉鲁丁·鲁米(公元1207—1273年)：波斯著名苏菲派诗人。——译者

苏菲派的诗歌美妙动人，充满了爱和喜悦，感情细腻，抒情奔放。遗憾的是，文学家们没有把这些诗歌编进他们的诗歌集。苏菲派在他们的诗中运用了象征的手法，采用通俗的表达方式，如美酒佳人、凭吊废墟、谈情说爱、悲欢离合，等等，以此来表达他们与主在一起的情景。从伊本·阿拉比诗集《思恋的诉说》和伊本·法里杜[①]诗集中可以得到印证。

总之，各地的教法学家与苏菲派人之间的分歧不断扩大，两派互相攻击、谩骂。可以说，这种分歧最突出地表现在三个人身上：祖奴·米斯里、古拉姆·海里勒和哈拉智。现扼要叙述如下：祖奴·米斯里生于埃及的艾赫米姆城，以禁欲、虔敬、长年隐居在古埃及神庙中而出名。在艾赫米姆城，有一些古埃及人建造的神庙，上面雕刻着许多图画和象形文字。祖奴·米斯里时常在这些古神庙里徜徉，凝视着上面的文字，他声称能读懂并能翻译这些文字。据传，他的确翻译了这些铭文的一部分，但他的翻译并不是建立在被发现的罗塞塔石碑[②]的基础上，也不是根据有关象形文字字母的知识，而只是凭主观臆测和灵感，因而他的翻译与原文毫不相符。在艾赫米姆城的居民看来，他所念的是一些古怪的词语。很可能这些词语或其中一部分来源于他的同乡、上埃及艾斯尤特人

① 伊本·法里杜（公元 1181—1235 年）：生卒于开罗。伊斯兰教苏菲派思想家、苦行者。——译者

② 罗塞塔石碑：古埃及石碑，公元 1799 年由拿破仑士兵发现于距亚历山大 48 公里处的罗塞塔城附近。铭文撰于托勒密五世（公元前 205—前 180 年）即位第九年之际，出自祭司手笔。碑文用象形文字、古埃及通俗文字和希腊文字雕刻而成，为解读象形文字提供了线索，现藏大英博物馆。亦称拉希德石板。——译者

普罗提诺[①]的观点。若把祖奴·米斯里的言论与普罗提诺的话相对照，便会发现二者之间的相似之处，因而艾赫米姆城人认为他是一个伪信者。一些居民向福斯塔特城总督告发了他。当时马立克派的首领是穆罕默德·本·阿卜杜·哈凯姆，于是他传见了祖奴，询问了他曾说过的话，确认他是一个伪信者。据传，祖奴·米斯里能通过化学作用使碎石变成宝石，并能创造出许多奇迹来。他宣称，古埃及国王曾害怕洪水将知识冲走，便建造了神庙，在里面再现了各种工艺及工匠，并描绘了各行各业使用的工具。他说，他们把全部秘密贮藏在神庙里，而他能够了解这些秘密，他所学的知识中就有古埃及人的巫术。

总而言之，伊本·阿卜杜·哈凯姆认定他是一个伪信者，祖奴·米斯里见自己名誉受损，便流落他乡，漂泊了几个国家。当他返回家乡时，伊本·阿卜杜·哈凯姆已去世，由别人接替了他的职位。人们再度攻击祖奴为伪信者。祖奴原本是科普特基督教徒，这便更增加了人们的攻击情绪，于是，代替伊本·阿卜杜·哈凯姆的新法官伊本·艾比·莱伊斯再一次指控他为伪信者，并给他套上枷锁，将他押送到哈里发所在地——巴格达。但当时埃及的一伙苏菲派同巴格达的一伙苏菲派相互通信，而后者中有些人在哈里发宫廷中任职，故得以影响哈里发，使他召见了祖奴·米斯里，并听了他的诉说，哈里发对他十分赏识，让他体面而又荣耀地返回了埃及。不久，他便去世了。所有这些坎坷都是由教法学家一手

① 普罗提诺(约公元204—270年)：古罗马神秘主义哲学家。新柏拉图主义的最重要代表(一说实际创始人)。生于埃及，后定居罗马。——译者

造成的。“祖奴·米斯里是苏菲派的重要首领之一，是埃及苏菲派神秘主义的鼻祖”，这种说法并不过分。如前所述，他首创了精神修炼分为各种“阶段”和“状态”的说法。对于学术知识，他发表过许多见解，有一些说法成为神秘主义的表达术语，如“爱之杯”。他是第一个用苏菲派神秘主义观点阐述人主合一理论的人。他对苏菲派神秘主义下了一种专门的定义，古沙里在其论文中、法里德丁·阿塔尔在其《圣徒训世》中都曾提及。祖奴·米斯里认为：“知识有三部分，第一部分是一般穆斯林所共知的；第二部分是专对哲学家和科学家的；第三部分是有关人主合一，尤其是有关那些认为‘主在我心中’的圣徒的知识。”有人问他：“你如何认识你的主?”他说：“我以我主认识我主，如无我主，我便不知我主。”

一言以蔽之，祖奴·米斯里是个著名的，但至今仍十分神秘模糊的人。

古拉姆·海里勒则经历了另一种灾难，从另一个侧面体现了教法学家和苏菲派之间的矛盾冲突。

当时苏菲派面临着共同的灾难：被诬称为伪信者，人民大众群起攻之，大批苏菲派人被杀害。有关古拉姆·海里勒，我们未找到足够的史料，故这一人物十分模糊。他生长在巴格达，专心攻读圣训，是忠诚崇拜圣训者之一。他认为立法只限于传述，而不能使用类比。他在清真寺里布道，以虔敬和苦行而著名。他不像祖奴·米斯里等人，他没有留下什么有价值的言论，仅知道他在布道中颇具口才，也有人指责他伪善。

对苏菲派，老百姓是反对的，对此，前面已有论述。七十多个苏菲主义者被杀，许多人被投入监狱，如祝奈德和赛哈努。有一种意见认为是古拉姆·海里勒煽动民众和当权者反对苏菲派的。苏菲派指责古拉姆因担心自己在苏菲派中的地位而嫉妒其他苏菲派分子，并指控他挑唆一个女人诬陷赛哈努，罪名是他挑逗了她。古拉姆这样做是因为他与宫廷里的人有私交，他本人又是一个宫廷弄臣。

至于哈拉智，他的故事则说来话长，受的折磨也更残酷，简述如下：

哈拉智出生在波斯一个叫白伊达的小镇，著名的《古兰经》经注家白伊达维就出生于此。哈拉智全名为侯赛因·本·曼苏尔·哈拉智，生于伊斯兰历 244 年，成长于伊拉克的瓦绥脱城。他脾气暴躁、性格古怪，周围的人把他比喻成歇斯底里症患者。

他十六岁时开始接受苏菲主义，师事于泰斯图里。后来他去巴格达居住了一年半。尔后就教于苏菲派著名代表人物祝奈德。之后，他去麦加朝觐，在那里居住了一年。

在麦加，阿慕尔·麦吉指控他反对《古兰经》，咒骂他并企图杀死他。他逃出麦加，脱去了苏菲派的装束，穿上带补丁的破衣、外套，流落到了呼罗珊和河外地区[①]。他在该地漂泊流浪了五年，后又进行了第二次朝觐。回到巴格达之后，他为自己建造了一栋房宅后便去了印度。他说，他的印度之行旨在号召多神教徒信奉一神教，并学习印度的巫术。此后，他作了第三次朝觐，在麦加住了两年。回到巴格达不久，他又走访了波斯，游历了伊玛目派的中心古姆城，并声称自己是伊玛目的代理人。

① 河外地区系指锡尔河（中国古称药杀水）以东地区。——译者

伊斯兰历 297 年，伊本·艾比·达乌德·扎希里以伊斯兰教律宣判哈拉智亵渎宗教，因为他宣扬“神爱论”。于是他逃到艾赫瓦兹躲了起来，在那里，他又被指控宣扬“泛神论”，被关进监狱，长达七年之久。尽管如此，他仍然不懈地宣传自己的主张，致使一些宫廷人员也相信了他的学说。但是最后，他还是受到审讯并被判处死刑、示众，他的尸体被焚烧后，骨灰被扔进了幼发拉底河。

以上是哈拉智的简略生平。我们看到，当时他无论走到哪里，都被指控为伪信者。他是一个伊玛目什叶派人，他出游四方，以宣传他的主张，有许多人追随他、信仰他的学说。他的宣传甚至传进了哈里发的宫中。我们根据现有的资料向读者描绘一下对他的审判情况。

哈拉智被逮捕后，在囚禁期间，并未受到严格限制，他被允许探视，也可以随意同别人通信。

当时执掌大权的是大臣哈米德·本·阿拔斯，是他授意开庭审判哈拉智的。当时，国家的行政管理机构分别被三种势力把持着：秘书文职机关由波斯人操纵；哈里发职位和法律权由阿拉伯人执掌；军队及其有关事务则操在突厥人手里。这三种势力钩心斗角，互相争夺，尔虞我诈。

总之，大臣哈米德·本·阿拔斯责成艾布·欧麦尔·嘎迪和艾布·加法尔·本·白赫鲁里及其他一些知名的法学家负责审判哈拉智。审判由艾布·欧麦尔·嘎迪主持，被告被带了上来。哈拉智被询问他所受到的指控，如，他自称是神，能起死回生，众精灵为他效劳，他可以用神奇的方法随心所欲，等等。哈拉智否认了这些罪名，他说：“求真主保佑，我从未自封为主宰或先知，我只是一个崇拜真主、多作礼拜和斋功，积德行善的凡人。”于是传证人出庭。

问第一个证人：“你认识哈拉智吗？”

“是的，我认识他的同伙，他们分散在各地宣扬他的主张，我本人就曾接受了这种宣传。后来我察觉到这种主张怪诞不经，便放弃了，并脱离了他们的团伙。我以揭露他的真相向真主靠近。我的证词完了。”

第二个证人是个女人，据说她是苏迈里之女。她被传了上来。看得出这是一个能说会道、善于辞令的漂亮女人。她被问道：

“你认识哈拉智吗？”

“是的。”她答道。

“关于他，你有什么要说的？”

“我遇见了他，他对我说‘我已把你嫁给了我最宠爱的儿子苏莱曼，他在尼沙浦尔。男人和女人之间难免发生口角，我已嘱咐我的儿子好好待你。如果他做了你所厌恶的事，这一天你就作斋功吧！黄昏时你登上房顶，站在灰渣和碎盐上，在上面开斋。你要亲自迎接我，向我诉说他所做的令你不快的事情。我会听到和看到的’。”

“还有别的吗？”法庭庭长问。

“还有。一天夜里，我正在睡觉，他走近了我，我并未察觉，当我察觉时，他已玷污了我。我惊骇万分，对他说‘你要干什么？’他说，‘我来唤醒你作礼拜。’”

庭长问：“还有别的吗？”

她说：“还有。有一天我从房顶上下来回屋里去，他的女儿和我在一起。当我们下来时看到了他，他也看到了我们。他女儿对我说，‘给他跪下吧！’我对她说，‘难道能对不是安拉的凡人下跪吗？’他听到了我的话，说，‘是的，一个真主在天上，另一个真主在地上。’他让我走近他，他把手伸进他的袖子里，伸出来时，满手都是麝香，他把麝香交给我，又把手伸进袖子。这样反复了几次，然后对我说，‘把这些麝香放到你的香料里去吧，女人如果被男人占有就需要香料。’接着，他命令我揭开屋内墙角的一块石板，我发现下面满是第纳尔，便拿了一些。”

庭长问：“你还有补充的吗？”

她说：“没有了，这就是我所知道的全部。”说完便走了。

另一个法官艾布·加法尔·本·白赫鲁里命士兵抄检哈拉智及其同伙的家，发现了许多传单，内容是他向同伙宣传他的主张，以及同伙给他的答复。这些传单是用密码写的，只有他本人和收件者才能看懂。这些文字证实了他是在宣扬另一种朝觐，即一个人在家里专门预备一间房子，房内没有任何污秽之物，也不允许任何人接近。朝觐之日到来时，就绕房而走，履行在麦加履行的朝圣仪式，再召集三十个孤儿，以佳肴款待他们并亲自侍奉他们，给他们洗手、穿衣，再给每个人七个迪尔汗。如此办理，就等于完成了朝觐的义务。

庭长指着这些传单问哈拉智：“这是你从哪弄到的？”哈拉智说：“从哈桑·巴士里的《忠诚》一书里。”庭长说：“撒谎！你这个该杀的！我们听说过《忠诚》这本书，里边没有你提到的内容！”大臣听到庭长说“该杀的”，便说：“把这句话记下来！”庭长有些迟疑，大臣坚持要他写，他便写上了。这张纸在其他法官手中传递，并签了字。哈拉智见此情景说道:“我的尊严不可侵犯,人格不可侮辱,你们这是在污蔑我的信仰和我的教义。我写的书证明了我的教义。真主啊,真主在我的血液里!”从法官开始签字直到签字完毕,他一直在不停地重复着这些话。哈米德大臣派使臣将此件火速送交哈里发穆格台迪尔,批示很快就下来了,上面写着:“已阅。既有众法官对他的裁决,可将其送往警察署,鞭笞一千,如不死,断其四肢,击其颈,再割其头,焚尸。”

第二天一早,哈里发的批示被不折不扣地执行了。许多人前往观看这个场面。哈拉智异常勇敢,无畏地接受了这一切折磨。他没有叹息,只是要求叩首礼拜。人们看到他面带微笑,镇定自若,因为他将去见他的真主了。

他的一些同伴宣称他并未被杀,杀死的是另一个人。另一些人则声称,这一年幼发拉底河上涨——只因为哈拉智的骨灰被撒在了里面。

哈莱瓦尼说,他目睹了哈拉智被杀的场面:他戴着手铐脚镣从监狱里走出来,一面微笑一面吟诵他自作的诗歌。

……

*　　　*　　　*

哈拉智被杀了,但他的思想和主张却没有死,反而流传更广,他本人也更受尊崇。

对于他的评价,人们意见纷纭,抑扬不一。

他死于伊斯兰历 309 年/公元 921 年。

他给我们留下了一本名字奇特,内容也奇特的书,叫作《塔辛之书》(这是一本哲学文集)。很明显,审判他时出庭作证的一男一女是受他人指使的。法官裁决时起初迟疑不定，是大臣哈米德一再敦促，法官才作了判决。导致哈拉智被杀的最大罪名是他是个“卡尔马特分子”。他曾任伊玛目代理以及其他一些事实证明，他的确是一个卡尔马特分子。卡尔马特派原是先知家族什叶派的一支，他们想排斥阿拔斯人及其宗族，扩大先知家族继任哈里发的范围。他们的主张流行于伊拉克、呼罗珊、阿拉伯半岛一带。他们为了达到自己的目的，大肆杀戮，毁坏家园[①]。他们以海哲尔[②]为首都建立了国家，并将麦加天房的黑石运到此处存放长达三十年之久。他们的经济主张是极端社会主义甚至是共产主义的，他们将掠夺来的财富平均分配给人们。他们的政治主张是宣传“麦赫迪”和“期待的伊玛目”。卡尔马特派不相信阿拔斯人及其创立的国家，他们随意杀害不同政见者并以为合法。我们相信这正是哈拉智被杀的主要原因。卡尔马特派的主张和行为令阿拔斯哈里发和大臣们坐卧不宁，因此，哈里发和大臣哈米德对哈拉智策划了这个阴谋也就不足为奇了。他们制造伪证、煽动法官对哈拉智处以死刑，皆因他是个卡尔马特分子。否则他们为什么放过了其他的苏菲派，如祝奈德、艾布·叶齐德·比斯塔米、祖奴·米斯里等人，没有将他们处以死刑？这纯粹是一个被宗教形式掩盖着的政治问题。因为统治者知道，对于人民，宗教比政治更为有效。有多少苏菲派宣扬“存在单一论”却并未引起重视而平安无事？引起穆斯林重视的是哈拉智所带来的一系列奇特现象。哈拉智似乎有一种能

① 卡尔马特派反对逊尼派的哈里发及执政者，并认为杀死任何反对者都是正当的。——译者

② 此处指波斯湾西岸巴林的海哲尔。——译者

力——像今天有些人那样——能够随心所欲地变出他想要的东西来:如金子、麝香、水果等。他懂得催眠术并且有某些化学方面的本领使人们眼花缭乱,因为人们当时还不懂化学。

总之,哈拉智是一个强有力的人物,像祖奴·米斯里一样,或者说比他更伟大,他对穆斯林有重大的影响。

可以说,哈拉智事件是教法学家与苏菲派矛盾冲突的一种反映。教法学家们,尤其是罕百里派试图像当年消灭穆阿台及勒派那样消灭苏菲派,然而,他们却并未获得像上次那样的成功。其原因有两个:一、人们已分成两派,一派拥护苏菲派,一派反对之。民众既非一致,苏菲派也就因此得以安然无恙。二、穆阿台及勒派是多民族主义的倡导者,而广大民众多为非理性思维者,故当时支持穆阿台及勒派的对手。同时民众有丰富的感情,他们当中有些人是同情苏菲派的,这使苏菲派能安然无事。后来,安萨里出现了,他试图调和教法学家和苏菲派人之间的矛盾,并使人们懂得,对于国家,两派都是必要的。他本人就是一个教法学家兼苏菲派人。为此,他撰写了一本名为《宗教学科的复活》的书,前面已提到过。他能唤起人们心灵的团结,并使人们同情苏菲派。他曾在一些书中宣称哈拉智是一个苏菲派的笃信者,但是他同其他苏菲派人一样,他的有些言论为严肃正统的法学家所不能理解。

苏菲派禁欲苦行、赞念“齐克尔”(纪念真主)、手舞足蹈等行径以及他们的专有术语,如“寂灭于真主”、“神爱论”、“伪称圣徒”等一直在困扰着人们,苏菲派在各个时期都要增加些新的花样。苏菲派中有忠诚者,也不乏骗子;阿拉伯伊斯兰帝国从中既有所得,也有所失。

教法学家以学问渊博为荣，苏菲派则以情感丰富而自豪。对这种无知，他们不以为耻，其中有些人反而劝告他们的追随者和拥护者，叫他们不要读书。他们说，若有人向我询问纸张上的知识，我就向他们显示粗布衣衫的知识。所谓纸张上的知识，他们指的是书本知识；而所谓粗布衣衫的知识，则是指他们身着苏菲派特定服装时所产生的感觉。

诚然，苏菲派人中间有少数人是潜心钻研科学的学者，然而在整个苏菲派中，这些人的数量实在是太少了。苏菲派认为，他们的苏菲主义胜过教法学家的教法。在他们看来，那种提出一些不切实际的假设、使用计谋就可以逃脱判决的教法算什么？难道穆圣不是一个文盲吗？他既不会读，也不会写，他只是凭借聪颖的心灵和敏锐的洞察力去领悟知识的。很多圣门弟子和再传弟子亦是如此。因而许多苏菲派人甚至对撰写苏菲主义的书也很反感，因为文字是理性而非感情的工具。尽管如此，还是有一些苏菲派人撰写了些有价值的书籍。其中有留至今日的《心灵之友》，作者是艾布·塔里布·麦吉（卒于伊斯兰历 386 年/公元 996 年）。他在书中颂扬了苏菲派的主张和功绩。公元 10 世纪编著的书籍中，留传至今的还有一本苏莱米写的《训诫》，该书作者同艾布·塔里布·麦吉一样，也在书中对苏菲派的观点和功德大加颂扬。

确实，围绕苏菲派的著书问题，有一个纠结难解的问题：在苏菲派中，对苏菲主义领会愈深，境界愈高的人，愈不愿学习或写作；而那些知识渊博，专门从事著书立说的人，却缺乏情感。我们需要的是既有强烈情感又著书立说并在书中描绘他的情感的人。我们看到，许多研究苏菲主义的学者和著者缺乏实际的苏菲精神；而那些卓越的苏菲主义者，却很少有著作问世。

正如我们所见，苏菲主义有三大支柱：存在单一论，寂灭于真主，真主的爱（神爱论）。存在单一论是由哈拉智首开先河，接着是穆海亚丁·本·阿拉比、苏赫鲁尔迪和伊本·法里多。寂灭于真主的旗帜由艾布·叶齐德·比斯塔米高擎。至于“神爱论”，其代表人物则是拉比阿·阿德维娅。

关于“存在单一论”，哈拉智在《塔辛之书》中阐述得十分明确：

真主在创造、认识万物之前便已存在，他与自己单独展开了一场无声无语的对话，他看到了寓于自身的本体。无始以来，除了真主别无他物，他看到了自我本体，便热爱它、赞美它。他的本体所表现出的形象是无法描绘的极其可爱的形象。这种爱是万物的起因，是万物存在的缘由。真主欲看到这种自我爱慕体现在外界形象上，以便观望它，同它对话，于是他从无始的无有中创造出了自己的形象，有他的各种德性和名称，这就是阿丹（亚当）。真主创造了阿丹后，赞美他、尊崇他，让他成为自己的化身，因此真主就是阿丹，二者合二为一了。

至于“寂灭”的概念，他们指的是这样一种情形：摒弃一切欲念、奢望和动机，从而万念俱灭，意志死亡。一旦人的意志死亡了，心灵就完全服从于神的意志，任其随意摆布，这就是真主对心灵的爱。但是爱者与被爱者乃同一事物，是心灵的内在核心。同样，崇拜者与被崇拜者、眷恋与被眷恋者，也都统一于一身。

哈拉智说，“寂灭”的含义指心灵属性的消失，同时，“寂灭”是崇拜者对其一切行为之梦境的幻灭，是他的主令他这样做的。哈拉智又说：“‘寂灭’就是心灵失去对各种事物的感觉，它逐渐依次达到以下五个境界:(1)赞念真主时,今生来世的一切幸运都消失了;(2)赞念真主所希求的幸运消失于真主所赐的幸运之中;(3)忘记真主所赐幸运,以获得与真主永存的幸运;(4)既已见到真主所赐幸运便不再向真主希求幸运;(5)因见到来世与幻境的幸运,现世的幸运消失了。”

关于真主的爱(神爱),据传,拉比阿·阿德维娅曾祈求真主不要禁止她看到主的尊容和永恒的俊美。麦阿鲁夫·库尔基说:“爱是主的赏赐,并非通过学习可得。”祖奴·米斯里认为,神(性的)爱是真主的秘密之一,不应在民间散布。他们表达“神爱”、“寂灭”时,用“感激”、“交往”、“离弃”等词语。

印度一位现代苏菲派人将苏菲主义的原则归结为十条:

(一)宇宙只有一个主宰,他是永恒的,无始的,唯一的。尽管在不同的语言里有不同的称呼,主,就是主。苏菲派人在太阳、火、偶像及一切崇拜物,甚至世界万物中见到他们的主。虽说如此,他们是在这些形象的后面看见主的。“主在万物之中,万物之中皆有主。”主并非寓含在某一被崇拜的信仰之中,主是理性所能想象的最高最完美典范。苏菲派人的忘我就是为达此境界。

(二)世上只有一个统治者,就是主。他是每个心灵的指引者,他引导他的信徒从黑暗走向光明,他是知识之源。

(三)世间只有一本书,就是敞开着的大自然,这是一本神圣的、照亮读者心田的书,是一本不需要语言的书。各个民族、各个时期的智者都尊崇这本书、敬仰这本书并虔诚地从书中受益。《旧约》、《新约》和《古兰经》等圣书都源于这本最神圣的书。

苏菲派在每一片树叶上都可见到圣书的篇章,它包含了一种启示，人若读懂了它便会心扉顿开。

（四）所有宗教皆为通向主的道路，其中的高低之分是由时间的先后造成的。所有的宗教都引导人们接近最高典范，这就是主。各种宗教尽管礼仪不同，目的却是一样的，即：接近主。如伊本·阿拉比所讲，苏菲派人在天房、清真寺、修道院和庙宇都能看见真主。

（五）人若达到了忘我、求真的境界，就会看到只有一种法律。

（六）只有一种手足之情，它包括全部人性。世间只有一种共同的生活，即使有区别，也只是表面的。人与人之间是相互联结、统一的，首先体现在家庭关系上，其后是民族关系及至全人类。一个完美的人应超越国界，升华到全人类的高度，甚至将自己与过去、现在、未来的人类联结在一起。有人歧视非本民族的人，苏菲派人摒弃这种观点，因为就全人类而言，人与人是同类。

（七）只有一种道德规范，就是源于忘我、行善的博爱法则。也许有多种道德准则，但它们的基础却是同一个，就是爱。这种爱，是希望、忍耐、坚毅、宽容及一切美德之源。慷慨、豁达、善行皆来源于爱，而所有的丑恶、罪孽皆因缺乏这种爱。有人说，爱是盲目的。这是错误的说法。爱，使人心明眼亮，眼睛看到的只是表面现象，而爱却能看得深邃透彻。没有完全点燃的火只能生烟，但若燃烧起来就会产生火和光。人心是否去爱亦形同于此。

（八）世间唯有一种东西值得赞扬，这就是使人的心灵超凡脱俗，升华至上的“美”。人，应具备美好的心灵去热爱“美”。他始于具体的爱，终于抽象的爱；始于有形的爱，终于无形的爱。

（九）世间唯有一个真理，即“你认识你自己”。正如伊玛目阿里所言:“认识了你自己,就认识了你的主。”

(十)在诸多通向真主的道路中,只有一条是笔直的。这条路充满了美德与完美,没有自私自利,没有肉体的欲望,也没有精神的虚幻。

这就是苏菲派的十条原则。这是一位现代苏菲派人的解释。如果说苏菲派之间对此有分歧,也只是有些人过分重视其中的某些原则,忽视另一些原则而已。这十条原则表达了各个时期真正的苏菲精神。但是,我们遇到一个十分棘手的问题:苏菲派人是通过自己的修炼而看到客观事实,还是习惯与头脑偏执使其看到些主观的幻象?这确是一个难题。而大多数苏菲派人不能写作,那些不信奉苏菲派教义的人没有那种体验,也无法进行描述,这使问题更加复杂了。我们似乎可以这样说:苏菲派人真的看到了什么。因为各地区、各个时期的苏菲派人所描述的情景都很相似或近乎相似,倘若仅仅是些想象、幻觉,每个苏菲派人自己就可以用眼睛看到,无须再与他人合作了。因此,苏菲派人实际上是相互理解的,无论在东方还是西方,他们都说,达到一定境界的认识时,语言是无法描绘的。苏菲派人流传着这样一句话:“有一种非眼所能见、非耳所能闻、非人类之心所能悟的东西。”

一些虔诚的苏菲派人,如安萨里、穆海亚丁·本·阿拉比等,以自己的亲身经历证实了这一点。他们在日常生活中是清醒的、觉悟的,既就科学问题著书,也为苏菲派神秘主义撰文。只不过当他们撰写学术著作时,头脑是清醒的,思维是缜密的,而一旦撰写有关苏菲神秘主义的书籍,便被“爱慕、眷恋、象征”等情感所征服。如果他们神经是失常的,便不可能写出学术著作来。理智是不可割裂的。

确切地说，现代心理学家已经开始研究苏菲派神秘主义了，认为它是一种特殊的心理现象。但是他们的研究刚刚起步，尚未取得更大的成果。

本章主要参考书目

《伊斯兰教法史上的崇高思想》
胡多里：《立法史》
《盖希里论文》
伊本·米斯凯韦：《诸民族的殷鉴》中的《哈拉智事件》
尼克里松：《伊斯兰苏菲派及其历史》，艾布·阿拉·阿费菲译
阿卜杜·穆哈辛·侯思尼：《苏菲派论文》
伊本·赫里康：《名人传记》
代赫里威：《真主的权威》
部分英文印度书籍

第三章　语言与文学

这一时期，语言辞书在《语言大全》的作者焦海里的倡导下，转向了一个新的方向。这以前的词典使用起来十分困难。例如《阿因》词典，单词顺序按字母发音部位排列，字母“阿因”为全书之首，故作者哈利勒以此命名这部词典。字母后面是单词，依次列举字母相同但顺序不同的单词，接着阐明该单词的用法，属常用词还是废弃不用的词，等等。

伊本·杜里德在他的《词语总汇》一书中也采用了这种方式，故查找单词十分困难。《语言大全》的作者焦海里按字母顺序编排字典，摒弃了那些废旧停用的词汇，于是，人们查找单词很容易了。继他之后，不少人循此径编纂语言词典，如《字母》、《阿拉伯大辞书》、《语言大全精选》等。焦海里注重同游牧的阿拉伯人交谈，听取他们的意见，以补充、完善他的那部《语言大全》。这样，公元十世纪，焦海里在编纂辞书方面开辟了一条新途径。不仅如此，在限定词义、审定派生词等方面，他也超过了以前的语言学家。

这个时期及其后一段时间，大批语言工具书问世，其原因是多方面的。其中有，语言收集者在他们编纂的词典里收录了多种方言，而不仅限于一种方言。例如，一位学者在编纂一本埃及俚语字典时，在“说”这一动词栏下列举了一系列词汇，都表示“说”的意思，只是发音不同。同一单词，各部落发音各异，他们便将各种发音都记载在词典里。

又如，一个部落说“ANNA"，而另一个部落将这词的第一个字母换成“阿因”，发音便有了变化。诸如此类的例子充斥了各种词典。

再如，有的部落讲话时将一些单词的字母顺序改变了或是颠倒了，而最初的语言收集者是遇见词汇便加以搜集，并未注意到这种同一语义，不同部落有不同说法的现象。后来的语言学家将这些词汇统统收进了词典，于是便出现了许多同义词。

另外一个原因是阿拉伯人擅长运用比喻法，如，他们将被裁短的衣服喻成被分割、被切断的，以至于把所有裁、缝制成的衬衣、长袍、裤子都称为“被切断的”。在此基础上将意义引申，又称作盔甲、武器之用的铁为“被切断的”。他们说“我截断了一块铁”，意即“我造了一件铠甲”或其他武器，就像它是一件衣服。再将意义加以扩展，他们把短小的诗歌亦喻为“被切断的”。如此等等。

还有一些语言收集者搜集词汇时并不认真斟酌，没有像圣训学家那样仔细考证所记录的内容，而是不管其真伪与可信程度，将所听到的全部记录下来。某个女人也许在说呓语，他们一旦听到也马上记下并写在词典里。甚至于遇到某个孩子在嬉耍或某个孩子口吃，也要将所听之言记录下来。据传，一些顽童在荡秋千时唱着歌谣，其中有一个词是“第一”的意思，但这种用法却除了这伙顽童，没有人说过。尽管如此，语言收集者还是将它收在字典里。更有甚者，语言学家竟然召开会议，讨论是否也要向疯子学习语言。据说，有一个疯子摇晃着他的小女儿，口中念念有词，有人问艾斯玛仪，疯子念的两句诗为何意？艾氏回答说：“恐怕连诗的作者本人也不明白。”又有人向艾布·宰德·安萨里问及这两句诗，答曰：“不过是只有疯子才能明白的疯话而已。”

尤为恶劣的是，有人收集语言时以讹传讹。例如，在《阿拉伯文辞海》里有一词，意为麻雀，但到了《阿拉伯语大辞书》、《穆兹希尔词典》和最近的一本辞源里，同一词却成了字母形式、位置各异的不同的词，与原意相差甚远。许多单词都是以这种方式进入词典的。

令人不解的是，一些语言收集家将正确的词汇连同谬传的词一并收入字典，因而造成词汇烦琐。另外，后来的语言学家，当他们接触到一些自己所不熟悉的事情时便详加叙述解释，例如某一词典作者写道，“两座金字塔是埃及的两座古老建筑，易德里斯为保存科学成果免遭洪水冲击而建，一说是塞那·本·穆希勒希勒的建筑”，云云。就这样，他们经常以历史学家、天文学家、植物学家或动物学家等学者的面目出现，好像他们并不是仅仅专长于语言，而是无所不知。

造成词典庞大冗赘还有一个原因，就是语言从原始向文明的过渡。文明改变了一些字词的含义，语言学家便要增加对这些字词的解释。

另外，随着文明的发展及伊斯兰世界版图的扩大，语言学家对植物、动物、食品及其他建筑设施等方面的知识增进了了解，他们把这些知识也都写进了他们的字典，因为阿拉伯半岛的阿拉伯人当时并不懂得什么是金字塔和古埃及神庙。同时各个被征服的国家都把阿拉伯征服者使用的词汇引进了本国语言并从中派生了各种词义。例如,阿拉伯人征服埃及后使许多地名阿拉伯化了,如班哈、法尤姆、代曼胡尔、亚历山大等,同时阿拉伯人也从埃及引进词汇,如"卡片"一词,该词源于希腊文。"锯子"一词也是阿拉伯人向埃及人学的,他们还从中派生出了动词"锯、传播、散布"等。类比派学者艾布·阿里·法里西[①]和伊本·金尼[②]为词汇的派生拓宽了道路,一大批没有人用过的派生词诞生了。

这个时期还有一种现象,就是方言流行,与标准语并用。每个伊斯兰地区都有自己通用的方言土语。

方言既区别于标准语又与之并存。大多数人讲方言,少数人讲标准语。方言与标准语的区别明显地表现在以下几方面:

大多数含有字母"Ṣ"的单词,其中的"Ṣ"变成了"S"。更重要的是单词的尾音都被读成了辅音,因为只有沙漠地区的游牧的阿拉伯人或做过大量语法练习的人才能正确地读出词尾各种不同的音符。方言的特点还在于双数、阳性复数、阴性复数名词之间没有严格的区别,某个字母可以有多种读法,等等。对于讲方言的人来说,标准语是那么陌生,以至于他们把穆太奈比一类的诗人称为学究式的人物。当时被认为有口才的人是那些在语法分析和词法变化上不出错误并且回避讲方言的人。

伊斯兰历四世纪时,甚至连诗歌里也出现了方言,特别是巴格

① 艾布·阿里·法里西:语法学家,生于波斯,公元987年卒于巴格达。师承伊本赛拉智和宰查只并培养出一大批杰出的语法学家。——译者

② 伊本·金尼(公元942—1002年):生于摩苏尔,卒于巴格达。巴士拉派语法学家。语法、词法研究造诣颇深且精通文学。对类比有透彻的研究并以此著名。——译者

达方言，因为它包含了大量的波斯语。讲话不重语法的现象时常发生。促使这种现象流行的一个因素是，塞尔柱时代的人们既不精通阿拉伯文化，也不像以前倭马亚人那样熟谙阿拉伯文学。

另外一种现象，我们已在前面提及，即：通过类比法，语言得到了扩充，大量派生词出现。开这个领域之先河者为艾布·阿里·法里西和他的学生伊本·金尼。他俩对语言所持的态度恰似艾布·哈尼法及其门生对伊斯兰教法的立场。他俩都是穆阿台及勒派人，他们的这种思想倾向——我们对穆阿台及勒派已有所了解——使他们能够比较开放，使语言服从于理智的控制。

这两位杰出的学者给人们展示了一条崭新的不同于其他保守派的道路。保守派因循守旧、墨守成规，他们或是由于思想懒惰、安于现状，或是害怕革新会招致批评和攻击；或是出于对旧事物的忠诚和偏爱。正像现实生活中存在着自由派和保守派、传述派和意见派一样。意见派的天性决定他们必然要对事物追根究底、考证探索，直至弄清结果。这与哈乃斐派教法学家如出一辙。诗人中同样存在两种倾向：有人作诗时只运用在他看来比较保险的词汇；有人则大胆创造新词并同他人的语言进行比较。如诗人鲁白和白沙尔·本·布尔德便都创造了一些新词汇。有保守派责备白沙尔不该用阿拉伯人从未听说过的词语，他却不以为然。伊本·古太白引哈利勒·本·艾哈迈德的话说，一个人向我吟诵了晦涩的诗句，我说这太荒唐。他便反诘道："为什么哈拉智可以这样用，而我就不行？"

总之，学者们孜孜不倦地搜集阿拉伯人口中流传的语言，这种精神值得称道。在他们之后，形成了两派：一些人停留在阿拉伯人

当时具有的水平上;另一些人则敢于创新,他们说,阿拉伯人有时也说错话,我们不应效法他们的错误。比如,他们有时将一些动物看成鱼类,因为观其形状像鱼。但是动物学家经过考察发现该类动物有乳头应属马类。我们怎能效法阿拉伯人在这方面的错误呢?又如,有些阿拉伯人把天上的星星当作像人一样的活生生的有生命的物体,因为他们看到星星没有外界推动力却在运转。而地心引力说的发现和科学的进步却揭示出这些星体是无生命的,它们和地球一样,不过是坚硬的物体。阿拉伯人还以一些怪诞的信仰解释金字塔的建造,等等。他们将这些都记在了他们的字典中,直到现代科学的出现,才澄清了他们的错误。他们有时错误地用母驼的特征来形容公骆驼,以至于他们当中有人觉察到了这一点并对此进行了批评。既如此,我们为什么要崇拜古老的事物呢?难道仅仅因为它是古老的吗?我们为什么不用自己的头脑去纠正错误呢?有些阿拉伯语学者认为语言是天定的,由此得出结论:不能动它一根毫毛,哪怕它是错误的。这方面的代表有艾斯玛仪、伊本·艾阿拉比和艾布·宰德。他们说的每一个字、每一个派生词,都是听别人说过的。这种状况一直延续到艾布·阿里·法里西的出现。他宣布了类比和对古旧事物的革命。或许这是因为他的父母都是波斯人、他自己是一个穆阿台及勒派人的缘故。

与他同时代的艾布·赛义德·希拉菲是保守派的领袖,艾布·阿里·法里西则是语言自由派的领袖。当时人们有这样的说法:艾布·赛义德精通传述,艾布·阿里擅长思考。艾布·阿里曾说过:我宁愿在传述词语时错五十次,而不愿在使用类比时错一次。他还说,衡量阿拉伯语的标准是看其是否被阿拉伯人接受。

如果一个外来语单词被阿拉伯化了，就应对之实行阿拉伯语的语法规则，把它当成阿拉伯的语言，并从中派生出词语来。如阿拉伯人将迪尔汗(Dirharn)一词阿拉伯化了，并从中派生出了动词(Darham)即：变得像迪尔汗；他们还使用了主动名词的形式形容一个人(Mudarhim)即：此人有许多迪尔汗。艾布·阿里还说，任何一个诗人或韵文作家欲从一个单词中创造出名词、动词、形容词都是可以的，都可以成为阿拉伯人的语言。艾布·阿里的学生伊本·金尼问他，你即席创造语言吗？答：不是即席创造，而是有阿拉伯人讲的话为依据，故可以称为阿拉伯语。学生又问，有的词并不是阿拉伯语，你却按阿拉伯语的语法规则去读，这不是把它变成阿拉伯语了吗？

继艾布·阿里之后，坚持该学派主张的是他的学生伊本·金尼。他也是一个具有罗马血统的人，他对派生词的研究超过了他的老师。穆太奈比对他的评价是："许多人并不了解伊本·金尼的实力。"他的著作《特征》证明了他的勇气和他对类比原则的理解，同时也证明了他对语言的修养，他对语言奥秘的理解并试图对语言进行哲学分析。他师从艾布·阿里四十余年，吸收了其知识的精华，并在详述、分析、论证方面超过了他的老师。他看到在他之前，教法学家们为教法制定了原则，教义学家们为教义学制定了原则，便也想为语言制定原则。我们在《特征》一书中可见到一些他制定的原则。他还提出了"广义的派生"这一主张。这个想法最先是由他的老师艾布·阿里提出的，伊本·金尼加以发挥。他说，艾布·阿里曾用这种方法派生词汇，他很欣赏这个词，便将其命名为"广义的派生"。所谓"广义的派生"指的是将组成词根的三个字母的顺序作各种形式的排列组合，以构成新词，而这些新词汇，除具有自身的词义外，还具有原词根所代表的广泛的含义。

令人遗憾的是，主张类比的这一学派并未能持续下去，而是随着穆阿台及勒派的衰落而消失了。因为穆阿台及勒派提倡的是怀疑、研究、实践和理性求证，该学派一消失，其影响也随之逝去。因此，他们认为语言不是天定的，即使他们说它是天定的，也只是作为用以解脱他们自己的借口。扎马赫沙里在修辞、创作手法、摆脱传统文风方面的卓越才能，或许在很大程度上得力于穆阿台及勒学派对他的影响。

如果我们继续探究这一学说，便能够弥补我们所感到的语言上的缺陷。若见到一个未提及其动词的词根，我们可用类比推论出来；只有阳性名词没有阴性名词的也可以类比；只见动词，未见其词形分类，也可进行创制，同样，若见到阿拉伯人用某种词形表示某种词义，我们也可效法之。如他们用张大名词的词形表示从事各种职业的人，如木匠、面包师、铁匠、锁匠，我们便可以此类推，列出阿拉伯人未提及的其他职业来。我们如果有了和阿拉伯人完全一样的语感，知道他们是如何创造词汇的，我们便也可以像学者们那样，在需要时创造词汇。……

总之，类比学派认为语言并非神圣不可侵犯，是人类掌握语言，而不是语言掌握人类。我们可澄清语言中出现的谬误、纠正字典中出现的错误，分清哪些是拼写、排版错误，哪些是口齿、语音上的错误，等等。

当时有关语言的上乘之作还有伊本·法里斯[①]的《语言标准》

① 伊本·法里斯：库法学派语言、语法学家、文学家。白迪阿·宰玛尼和萨西布均为他的学生。写有按字母顺序编排的字典《语言大全》、《萨西比》、《语言标准》等著作。公元1004年卒。——译者

一书。他在该书中采取了一种全新的方式。他将一个单词的各种含义概括成一两个意思,使它成为该单词的基础。比如"wajaba"一词,他说这三个字母同为一个根,代表事物的降落,然后由此引申。《圣训》及《古兰经》中都出现过这个词,表示"降下"的意思。诗人盖斯的诗句里也有这个词。

墙倒了,也可用"wajaba"一词。

他们还将该词用作"胆小鬼"之意,诗人引用了此意。取此意是因为胆小鬼就像堕落者一样。说到心脏的颤抖,他们也用这个词,将原来的第三个字母更换了。凡此种种,可以看到他们将所有的含义都解释成了一个意思。

我们可以看出,这种做法使语言简练、纯洁,而不是空谈、诡辩。他们不仅收集单词,而且收集写作风格,我们从《谨慎者的才干》一书和哈木达尼的《书写用词》一书中可窥见一斑。

语言学家还收集谚语,并根据字母表顺序进行排列、整理。迈伊达尼在他的《谚语荟萃》一书中便是这样做的。他这本书几乎是完全照搬哈木宰·艾斯法哈尼的《谚语》一书,每章只增加不过两三条谚语。然而他这本书却比哈木宰的书幸运得多。

*　　　*　　　*

文　学

如果我们参考本书前面阐述的关于阿拔斯王朝初期社会生活的那一部分,就会发现文学的各种形式都是当时社会生活的回声。由于王公大臣暴戾恣睢,搜刮民财,诗人们自然也形成了两大阵营。一类是对王公大臣极尽颂扬、阿谀之能事，甚至不顾事实一味美化他们，因而颇受上层贵族的青睐，所获俸禄十分丰厚并可与王公大臣同享欢乐。这类诗人为数众多，其代表有穆太奈比、艾布·菲拉斯、纳西、哈力代尼等。另一类诗人厌恶阿谀逢迎，天生不会趋炎附势，如盲诗人艾布·阿拉·麦阿里。他采取的是另外一种策略，即抨击、斥责与嘲讽。诗同诗人一样，也分成了两大类。

如前所述，当时的社会分成多种阶层，富豪阶层与赤贫阶层同时并存。行乞现象十分普遍，其中也有文学家，他们有独特的语言和方法，颇像今日诙谐文学家的语言。赛阿里比在他那本为伊斯兰历四世纪/公元十世纪的文学史做出卓著贡献的《时代的绝唱》一书中为我们描绘了这种情景。最突出的是一个名叫“艾布·杜莱夫”的人，他有自己特殊的求乞方式，白迪阿在其被称为麦嘎麦文体的韵文故事里作了叙述。正是这种社会生活方式，促成白迪阿和哈里里等人创造了麦嘎麦这一文学形式。同时，大量男女奴隶、婢妾、娈童的出现以及应运而生的同性恋、酗酒之风，都为当时的文学提供了热门题材。

富有的家庭讲究漂亮的家具、豪华的陈设；文学家则注重韵脚、对偶及其他修辞方式，以此装饰自己的文学。

这个时期的文学作品绚丽多彩，主要有散文和诗歌两大类。该时期的散文又分成明显的两类：一类是宫廷文件，指那些来往于哈里发、总督、大臣之间的官方书面文章；另一类被称为“弟兄书信”，是朋友之间的往来书信或师生之间探讨某些学术问题的往来信函。在这两类散文上最初崭露头角的是两位赫赫有名的人物：艾布·希拉勒·萨比和艾布·白克尔·花拉子密。两人分别为这两类散文的大师和泰斗。他们热衷于带韵脚的散文大约有两个原因，一是因为皈依了伊斯兰教的基督徒，原来在教堂里多使用带韵脚的文体；二是由于他们喜欢标新立异。无疑，韵文比一般的散文更有趣味。此外，还因为修辞的各种手段由来已久：阿拉伯人在蒙昧时期就开始采用韵脚，就像在食品中加一点盐用来调味；阿拔斯初期，音韵的使用更加广泛；到了我们所论述的这个时代，音韵的使用已成为写作中的普遍现象了。

所幸的是我们手中有萨比和花拉子密写的一些书信。当你读着它们的时候就会有一种像见到一块平滑的玻璃或一块被镟制过的木头的感觉。萨比卒于伊斯兰历 384 年/公元 994 年。正如他的绰号所显示的那样，他是一个萨比教徒[①]。哈里发政府曾许诺，如果他皈依伊斯兰教，就让他担任大臣职务，但他拒绝了。他对自己卓越的写作才能颇感自豪，他说，国王深知我是他称职、忠诚、能干的书记官，我的右手就是他的右手；我的语言就是他的语言；我的眼睛是为他洞察世态变迁的眼睛。

萨比的所有文章都是押韵的，无论是宫廷文件或普通信函。我个人十分反感他的作品和花拉子密一类人写的文章，我认为那些文章空话连篇，虚张声势，文辞枯燥，言之无物。

花拉子密游历了许多国家，被认为是文学泰斗。他在修辞方面的功绩为许多国家所公认，直到白迪阿·宰曼·哈姆扎尼的出现。后者是个年轻人，而花拉子密已是位老者，青年同老年之间展开了激烈的竞争。人们也因此分成了两派：一派尊敬花拉子密和

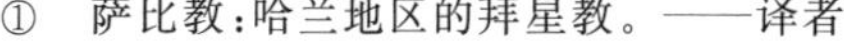

① 萨比教：哈兰地区的拜星教。——译者

他的德高年迈；另一派则欣赏白迪阿·宰曼和他所带来的新的风格。终于，花拉子密哀伤地死去了，白迪阿得以向人们展示了一个花拉子密所不熟悉的东西，这就是他的韵文故事麦嘎麦和他的书信集。有的书信，在该加点的字母上都加了点，有的书信一个点都不加；有的书信，从头读到尾是一个问题，如从尾读到头则是该问题的答案；有的书信，通篇没有一个不能与其他字母连写的字母；有的书信，每一行都以同一字母开始；有些诗句，如用这种方法解释，则是颂扬诗；如用另一种方法解释，该诗便成了攻击诗。诸如此类的新鲜花样，在白迪阿的书信和麦嘎麦中俯拾即是。

长者花拉子密却不善此道，他只会写普通常见的书信，于是白迪阿便以自己的青春朝气和写作技艺击败了他。

现举一两封在当时曾名噪一时的信件为例。如花拉子密是这样描述他的不幸以及人们的势利的："我遭到了巨大的不幸，骑的是他人的坐骑，靠别人的钱过活，住着租赁的房屋，食生椰枣充饥；我夏天穿毛衣，秋天披斗篷，我被人当面诬蔑，我被直呼为'你'；我与鞋履为伍，只能坐在最后，靠近放鞋的地方；与我争辩的是曾师从于我的人，反对我的是曾求教于我的人；甚至我的婢妾也虐待我，我的牲畜也欺负我；汲取我的特长效法我的人超过了我；甚至优质的钱币在我手里也成了劣币；我花钱裁剪的衣服穿在我身上却成了偷来之物；我 6 月份出门会刮起风暴、雾气满天。我除了自己的尊严和忍耐，失去了所有的一切——我的老师对此十分了解。"花拉子密的另外一封信则充满了夸张、重复、故弄玄虚的词语，他故意这样做，认为这是一种很好的写作手法。他说："某人怠慢了我，但愿我的诗像风将他刮起，或是大地将他吞噬，或是毒蛇将他咬住，或是猛兽将他捕获，或是魑魅将他迷惑，或是魔鬼将他引诱，或是灾难降到他身上，或是雷电将他焚烧，或是骆驼将他踢倒，或是驼夫将他暗算，或是他从驼背上栽倒，或从山顶滚下，或掉进陷阱，或从悬崖上坠落，或两手瘫痪、两脚麻痹，或染上癞病，或患胸膜炎，或迷失在荒野，或被大海淹没，或被烈火烧死，或被激流冲走，或被死亡之箭射中……”这些枯燥乏味、冗长空洞的语言，无非是表明他的书信离他而去，被真主遗弃了，反映了他心灵的空虚。

相对来讲，萨比和花拉子密的文章比白迪阿更呆板，后者稍显轻松。我读着所有这些信件都感到心胸郁闷，欲言无语。我花费一两个小时读这样的信，结果却一无所获。与他们同时代的萨西布·本·阿巴德为了获得押韵的效果，竟随意任免省督[①]，更助长了这种华而不实的陋习。后来又出了嘎迪·法迪勒和伊玛德·艾斯法哈尼，更全面形成了这种灾难——受音韵和各种修辞方式禁锢的灾难。在此后几个世纪的全部著作中都可见到这种文风的影响，直至阿拉伯近代复兴的出现。

毫无疑问，这种片面追求音韵、华而不实的文风束缚了人们的头脑，扼制了人们的创造力，因此在当时极少出现创新和佳作。

值得提及的是艾布·哈彦·陶希迪，他将押韵与对偶融为一体，大大丰富了文字的内涵，对当时盛行的文风起到了一种调节作用。因此，在我看来，艾布·哈彦是当时水平最高的文学家，甚至

---

① 阿拉伯语中“省长、总督”一词与“委任、任命”一词的现在式的词尾为同一韵脚。——译者

胜过了他的老师查希兹,因为他的学识超过了查希兹。

然而尽管如此,他和他的老师艾布·苏莱曼·曼提吉却过着贫困潦倒的生活。艾布·苏莱曼的独眼及麻风病使他不得与宫廷大臣交往,亦得不到他们的帮助。他只得向阿杜德·道莱·本·布韦希和大臣伊本·赛阿丹求援,才得到他俩微薄的资助以缴纳房租和偿还债务。艾布·哈彦虽德高望重,但他在众人面前却显得有些木讷、呆板。当然,他的写作是另一回事。基于对自己的功德和学识的了解,他认为自己是不幸的。因为他看到周围的人都是那么无聊平庸,安于舒适的生活,艾布·哈彦蔑视他们并且用辛辣的语言抨击他们。为此,他付出了代价,甚至不得不以沙漠中的干草充饥。他在清真寺作礼拜时,人们都躲避他,只有那些卖菜、卖油的小贩和鞋匠才肯与他在一起。

综上所述,我们看到花拉子密、萨比及白迪阿·宰曼等人的文风盛极一时,由此招来在文坛上流行一时的灾难。

*　　　　*　　　　*

令人注意的是,这个时代的作家追求的是近似希腊文体的写作方法。他们将许多故事、历史掌故写进了他们的书中,如白迪阿引用了商人与其儿子的故事,以及其他一些在当时颇为著名的故事。

另一个引人注目的现象是,方言土语已被承认,而且有人对方言土语的词汇、文风进行研究并采撷了它的优点。只有极少数学者例外,如艾布·阿拉·麦阿里。他语言知识渊博,喜爱标新立异。大凡既可以用清晰明了的词语又可以用含糊不清的词语来表达的同一意思,他多半是采用后者。他在所著的《忏悔书》中便是这样做的。他写书信时，习惯在信首以抒发情感来表达对阅信者的思念。他的这类写法往往同白迪阿一样龌龊不雅，只不过艾布·阿拉的语言是古典式的龌龊，而白迪阿的语言则更加罗曼蒂克。除非艾布·阿拉是为了教授阿拉伯语，否则，他这样做便是不可原谅的。

这个时期除了《一千零一夜》之外，又有许多新故事广为流传。据说扎马赫沙里按《一千零一夜》的模式编著了一本书。他曾打算收集一千个阿拉伯人和非阿拉伯人的夜谈故事并写进书中，但只写了四百八十个故事便溘然长逝了。

米斯凯韦编了一本名叫《独特的温柔》的故事书，其中的奇闻轶事如《朱哈的故事》、《母牛的情人》等流传久远，脍炙人口。

令人遗憾的是，伊斯兰历四世纪及以后的若干世纪中，合辙押韵、词藻华丽一直是阿拉伯各种文学形式的主要特征。直到近代复兴运动开始之前，我们很少见到文学上的创新者或提倡创新的人。

尽管如此，还是有一些作家采用了其他的写作方法。例如，以“接生婆之子”闻名的艾哈迈德·本·优素福，他的《奖赏》一书，创作形式新颖。他更多地注重语言的精练和思想的力度而不是音韵。但是，他的埃及风格并未被人效法，人们效法的是伊拉克人，如伊本·阿米德和伊本·阿巴德的写作手法。

诗　　歌

这个时期的诗歌发展经历了一个漫长的过程。我们发现，诗人用短诗形容某一具体事物的现象很普遍，穆太奈比的诗便是如此：其中既有以古老的风格写成的大部头长诗；也有用许多短诗描写一把琴或一座帐篷等具体事物的佳句。赛阿里比此时期写的《稀世珍宝》一书里有很多这样的短诗，书中还包含不少各个时代诗人的生平。遗憾的是赛阿里比重视对词藻的修饰甚于心理的分析，因此，在文风上他更接近伊本·阿巴德、花拉子密和萨比，而不是艾哈迈德·本·优素福和艾布·哈彦。

书中有不少这样的短句，如一个人是这样哀悼他的小猫的：

小猫咪，你离我而去不再归，

你在我心中就像我的儿。

至于诗中所哀悼的究竟是猫，还是别的什么他不敢公开哀悼的人，人们对此众说纷纭。

总而言之，这个时期的诗人十分重视比喻、借喻等修辞手段而不大重视语义的严谨。

另一种现象是，一批写景诗人脱颖而出，如塞奈拜里，他也是在赛弗·道莱文学聚会中涌现出来的，卒于伊斯兰历 334 年/公元 945 年。他热情讴歌阿勒颇城和拉盖城。他在阿勒颇城有一座花园，环绕着豪华的宫殿，里面种植着各种花卉，他写下了许多诗歌表达对花卉的热爱。

他把水仙花喻为花中之王，写道：

可曾见过比水仙更馨香的花朵？

它胜似佳丽美女妩媚的眼波。

他除了作了一些描绘群芳争妍的诗歌之外，还写了大量诗歌形容花卉、蓝天、阳光、空气等自然景色，因此，他被视为这个领域奇异的诗人。

有些诗人，如库沙吉姆反对他的写作方法，但后人也有仿效他的文风的。

当时诗歌分为两类，一类是古典诗歌，如穆太奈比、艾布·努瓦斯、谢里夫·里达等人的诗；另一类是通俗诗歌，以流浪派诗人为代表，如艾哈奈夫·欧克布里和两大著名诗人伊本·哈加吉和伊本·苏凯莱。后二人在诗中使用了许多大众化的语言，以低俗、露骨的表达方式，毫不隐讳地、赤裸裸地描写了两性关系和肉欲。此处无须举例。当时人们对低俗的情欲的热衷与追求，成为这类诗歌产生并受到青睐的一个重要原因。当时蜚声诗坛的各流派诗人多得不胜枚举，其中最有代表性的当属艾布·阿拉·麦阿里、塞奈拜里、穆太奈比、伊本·哈加吉和谢里夫·里达了。艾布·阿拉的特点是悲观失望，他的诗歌揭露了当时社会的种种丑恶及人们的龌龊行为。塞奈拜里的诗充满了对大自然的热爱。穆太奈比在生活中是无所畏惧的强者，作诗同样是个勇士，他自信，有抱负，他的诗歌记载了他所经历的绝大多数历史事件，尤其是十字军同赛弗·道莱之间的战争。谢里夫·里达的诗则显示了贵族的荣耀、门第的高贵及他的自豪感。他虽生活在都市，却大力写诗描绘、讴歌疆场上的骑兵、勇士、战马、骆驼等。

这个时期，诞生了二重韵诗，尤在西班牙盛行。二重韵诗由几个小段组成，每段各包含几行诗，前半句用同一个韵脚，后半句用另外一个韵脚，倒数第二行前、后半句诗的韵脚有所变化，最后以一句韵脚与前面截然不同的诗收尾，称之为“锁”。

二重韵诗是西班牙人热爱夜谈和音乐的产物。促成二重韵诗产生的另一原因是自然风光的秀美绮丽，大自然的主人在大自然中摆脱了韵律的束缚。许多东方学者在探讨：二重韵诗的形成是源于西班牙人熟知的“流浪文学”，还是由西班牙人向阿拉伯人学习的结果？迄今为止，这个问题仍无定论。

伊本·赫勒敦说：“首创二重韵诗者名叫穆戈迪木·本·穆阿菲尔·弗里利，是埃米尔阿卜杜拉·本·穆罕默德·麦尔旺的宫廷诗人之一，生活于伊斯兰历 507—595 年/公元 1113—1198 年间。”其实，早在这之前，二重韵诗就开始流传了。

二重韵诗没有严格固定的格律，作诗者只对其传统有大致的了解，直到埃及人伊本·赛那·麦立克的出现。他于伊斯兰历 550 年/公元 1155 年出生在开罗，著有《二重韵诗之创作模式》一书。他阐明了二重韵诗的特点并为之下了定义：“所谓二重韵诗，即按固定格律和音韵写成的诗句。它多则由六个锁加五行诗[①]组成，少则由五个锁加五行诗组成。前一种被称为‘全诗’，后一种被称为‘秃尾诗’。”

所有的锁，在格律、音韵及字数上都是统一的。二重韵诗的每个韵脚被称为“环”；每个锁及下一段的第一行诗被称为“节”；二重韵诗的最后一个锁叫作“彩穗”。二重韵诗诗人往往喜欢用方言土语来表达这个“彩穗”，因为土语较之标准语更为诙谐，赞美诗除外。二重韵诗有两类，一类遵循阿拉伯诗人的诗韵，另一类不受阿拉伯诗歌格律的限制。人们更偏爱后者。二重韵诗具有轻快、活泼、幽默的特点，也有一些诗寓意深刻，故刚一出现便受到各界人

① 即不带“锁”的一小段诗。——译者

士欢迎，并被用来当作歌词，这类诗歌自由、洒脱，不拘泥于固定格律和音韵。

同散文一样，诗歌也是社会生活的一面镜子。尽管诗人之间各有差异——这种差异归于他们不同的秉性和气质——但每个诗人都是他所处时代的真实代表。

伊斯兰历四世纪出现了这样一些文学家：他们注重收集、研究蒙昧时期、伊斯兰时期各个时代文学家的生平并以此来编纂文学史。这方面最著名的例子当举艾布·法拉吉·艾斯法罕尼的《诗歌集》。这本书内容之丰富是空前绝后的，它包容了蒙昧时期、伊斯兰时期和阿拔斯时期众多诗人的生平，这在当时是独一无二的创举。因此，有些文人在他们漂泊流离的文学生涯中，宁愿舍弃其他书籍而唯独保留、依靠这部诗集。但是，这本书不是按照时间的顺序，也不是按照字母的顺序，而是按歌词出现的先后编撰的。一有新诗歌出现，他便将作者身世加以介绍，并阐明其音调特色和歌唱方法。这本书的雏形是一些被收集起来的歌曲，哈里发拉希德命人从中选出一百首歌，人们便照办了。到了瓦西格时代，他命令人们为他选择最佳诗歌，并将他不满意的诗歌换掉。他的继任者效法前任，照此行事。艾布·法拉吉便以拉希德选的歌为开端，收集了这些歌曲。按照当时编著者的习惯，艾布·法拉吉在《诗歌集》中也穿插了一些对历史事件的论述。他出身于一个文学、歌唱之家，对诗文颇有造诣并熟谙阿拉伯人的战事和史实，这得力于他的大量阅读以及听取权威人士的传述。他的确饱览群书。他记述的每一个历史时间和人物都有可靠的依据和令人信服的出处。他详尽地考证历史纪实，从中择取属实的事件。因此，他的记述是翔

实可信的。在这本书中，他对很多传述作了评论，或是因为传述者本人不可靠，或是因为所传述的事件与时间、地点、环境不符，这说明他是长于评论的。他的评论尖锐、中肯。他不在乎诗人是否行为不端、品格低劣、出身卑微，对于诗人，他只用唯一的艺术标准进行评价。无论作者持有何种派别倾向，什叶派或倭马亚派，也无论作者是逊尼派人还是什叶派人，都不能影响他的判断，不会妨碍他坦率直言。因此，他的这本《诗歌集》成为稽考蒙昧时期、伊斯兰时期社会状况的最好历史依据，在这方面，甚至超过了历史书籍。历史书记载的只是哈里发、大臣的正史，至于他们的社会生活、人民生活状况如消遣、娱乐、歌唱等方面，则只能从《诗歌集》及有关纪实材料中得出结论。

传说，他曾与某一高官过从甚密，这个高官显然是大臣穆海莱比。艾布·法拉吉陪他进餐，与他夜谈聊天，给他讲文学轶事。

总而言之，这本著于伊斯兰历四世纪的诗歌集成为后来所有著书者的参考依据。为了受益于书中提及的音韵旋律，艾布·法拉吉的同代人曾花费了相当大的气力来了解他在书中记述的那些曲调及其形式。无论是东方的学者还是西方的东方学者都将这部诗歌集奉为经典。由此可见，它是伊斯兰历四世纪文学艺苑的一朵奇葩。

必须指出，另外一种文学形式在伊斯兰历四世纪也得到了发展，这就是文学批评。

这方面的杰出代表是艾布·希拉勒·阿斯凯里、古达迈和伊本·拉希格。艾布·希拉勒·阿斯凯里为我们留下了《两种创作》一书。所谓两种创作，即诗歌创作和散文创作。当然，在他之前已有一些作家在这方面作过尝试，如伊本·赛拉姆和伊本·古太白。

艾布·希拉勒的文学批评，在文笔上大概要算是最优雅、最出色的了。他的文辞押韵却又不拘泥于韵律的束缚，而是以清晰明了见长。但是，他的见解，却未免有失偏颇，如他粗暴地否定穆太奈比，百般挑剔其弱点，却不去看他的优点。

他在文学批评方面的成就得力于他对诗歌的熟悉和实践。他的这本书，既是文学批评专著，又堪称文学作品佳作。他追随查希兹，提倡"修辞只体现在词语而不体现于语义"的观点。也许这被人认为是他的缺点。在这个问题上，他们认为语义就像被抛在路上的物件，俯拾即是，如将勇士喻为雄狮，将慷慨比作甘霖等等，他们认为这就是全部的语义，却不知找到这些比喻并非易事，况且人们的意见也并不一致。艾布·希拉勒在很大程度上受了同代人如萨比、伊本·阿巴德和花拉子密等人文风的影响。

总之，文学批评迈出了新的一步。艾布·希拉勒提出了他的一些独到见解，如，他注意到了通俗与细腻的区别，指出，有些语言也许很简练，但却令人费解。诸如此类的观点，他以大量的例子作了说明。

古达迈写了两本文学批评书籍，一本是诗歌批评，另一本是散文批评，从中可以看出当时的文人受希腊哲学和希腊文学影响的程度，古达迈在分类、下定义等方面均效仿希腊人。由于他受令人费解的哲学表达方式的影响，因而不像艾布·希拉勒那样具有流畅表达语言的能力和洒脱、优美的文采。相比之下，古达迈的知识也许更渊博些，但写作技巧却并不高明。

伊本·希拉格原籍摩洛哥。他著有《诗歌写作及批评准则》一书，论述了诗歌及精通写诗的法则。他不像艾布·希拉勒和查希兹那样，认为修辞的关键在于词汇，而不在语义，而是认为二者对于修辞同样重要。他首次确立了修辞学的分支，列出了章节细目，这是前人从未做过的。

还有一些关于文学批评的书籍，如《调解穆太奈比与其对手的分歧》以及文学评论家阿麦迪、穆鲁祖巴尼等，在此无须赘述。

一言以蔽之，伊斯兰历四世纪是一个充满了纯文学和文学批评的时代，在这方面，任何一个时代不能与之比拟。

值得注意的是，文学批评在当时是追随着文学，而不是为文学开辟新路。如果说文学沉湎于华丽的词藻，文学批评则对此加以颂扬，而没有引导文学减少华而不实的现象；文学对词语的重视甚于对语义的重视，文学批评便为这种思潮服务。批评家不该以他们所在时代的标准衡量文学，而应超越他们所处的时代，以文学最高典范作为尺度。

总之，批评家们没能够领导文学反而受文学的驱使。也许无论东方还是西方，大多数朝代都是如此。批评家们最擅长和热衷的事是停留在某一句诗或某一首诗上，论及谁最先使用过某个词汇，谁用得最好，谁用得最差，何以会出现优劣，等等。因此当时最热门的话题是诗歌剽窃问题，即声称某人剽窃了某人使用过的词。这是一种危言耸听的攻击，因为剽窃词义的指控是很难成立的，很可能两位诗人在用词上偶然一致。

确实，如果一句诗的某一词语与另一诗句用词相同，很容易被指控为剽窃；但倘若用词不同，就很难说这是剽窃了。另一种值得注意的现象是，批评家在大多数情况下，只看局部不看整体，正如他们对待法律的态度一样。比如，他们不去探讨买卖的规律，却只注意买卖的局部特征，由此引出规律来。在文学上同样如此，他们只注意某一句诗及其对句，至于文学的规律，一种文学形式何以超过另一种文学形式，散文、诗歌的种类以及各个种类发展的必要条件等，却在他们的著作中极为鲜见。假若他们想对两个诗人进行比较，像阿麦迪对艾布·台玛木和布赫突里进行比较那样，至多不过是对两个诗人的诗各作一番评价，摆出各自的特点及不足。至于将这个诗人的某一句诗同那个诗人同一意思的某一诗句进行比较，或将二人各自的一首诗进行比较，便只能是进行局部分析，不能作出正确的判断。

另一种文学，是戈布斯·本·沃什麦吉尔向我们提供的文学。他曾任朱尔加尼和塔伯里斯坦的国王。如果说赛弗·道莱是阿拉伯贝都因国王，戈布斯就是波斯文明古国之王。他同许多国王一样，喜爱文学，尤爱情趣高雅的箴言隽语。他不仅向诗人汲取文学箴言，自己也善于创作。

戈布斯创作了文辞美妙、细腻的散文。他的散文用波斯文和阿拉伯文两种文字写成。他写给儿子的家训具有宝贵的文学价值。他的写作手法夸张，注重语言的修饰和词藻的华丽，与伊本·阿巴德和伊本·阿米德如出一辙。假如说他有什么创新，那就是他以对押韵、比喻、借喻的深入研究，在修辞学上进了一步。埃及出版了他的一些信件证明了以上的看法。

这个时期还有一个值得一提的人物，那就是伊本·努巴塔，他的演讲声声入耳，铿锵动人。令人遗憾的是，他热衷于宗教、政治和社会性的演说，因为那个时代正是宗教热情高于一切的时代。

当时赛弗·道莱与十字军交战已达白热化程度，双方宗教人士都在极力煽动宗教情绪，伊本·努巴塔正是这个时代的人物。

穆太奈比、艾布·菲拉斯等诗人对十字军战争只作了文学性的描述，伊本·努巴塔则不然，他的作品起到了激发人民投入战争、奋起抗击十字军侵略的作用。

但是，政治、社会性的演讲并不能激起文学家们的激情。文学家之间更多的是交流书信而不是演讲稿。我们注意到艾布·阿拉·麦阿里同他的鼓动者之间、什叶派和逊尼派教徒之间，都有书信来往。究其原因，大概是什叶派、逊尼派、教法学家、苏菲派、穆阿台及勒等诸派别都更需要一种博大的思维，对此，只有书信最适合；至于宗教情绪以及这种情绪的激发和鼓动，则只有演讲最适合了。

本章主要参考书目

《华枝集》

伊本·赫里康：《名人传记》

伊本·金尼：《特征》

米特兹：《阿拉伯伊斯兰文明史》

伊本·赛那·麦立克：《二重韵诗之创作模式》

第四章　语法、词法和修辞

伊斯兰历二世纪，巴士拉学派和库法学派之间就语法和词法问题展开了一场激战。产生分歧的最大原因在于巴士拉和库法各自的环境不同。接着，在伊斯兰历三世纪出现了巴士拉学派和库法学派相互融合的迹象，并且出现了表达两派观点的代表作。到了伊斯兰历四世纪，两大学派就完全融合了。

毋庸置疑，西伯威[①]的语法与词法一书最有权威。从他著成此书之日起至今，一直被奉为伊斯兰世界的经典著作。

从阿卜杜·谢里哈·绥拉非的《西伯威语法书解》到扎里木·贝克的《语法大典》，人们所做的都只不过是诠注、简写或释疑工作，而该书在词法、语法学所依赖的基本理论却丝毫未改，直至今日。例如，语法自诞生以来一直受阿米勒[②]理论的影响，主语、宾语皆由于动词的作用，分别在词尾标主格和宾格符号。即使句子中没有明显的动作支配者，也要假设有一个内涵的支配者。

据我们所知，法学家大都遵从这种理论，唯有西班牙人伊本·

① 西伯威：生活在巴士拉，师从哈利勒，后成为巴士拉学派的鼻祖。他的著名语法书名为《书》。卒于公元796年。——译者

② 阿拉伯语“支配者”的译音，在语法学里，支配者使其他词词尾的符号发生变化。——译者

麦达除外，他否认阿米勒理论。

在说明、注释语法学方面有重大影响的语法学家当首推宰查只[①]，他的生活是他所处的时代的缩影。例如，他曾是制造玻璃的工匠，由此得名“宰查只”。

宰查只当时每天挣一个多第纳尔。他酷爱语法，便设法接近穆拜莱德[②]。穆拜莱德教授语法必收报酬，而且按酬施教：付一个迪尔汗，就授之相当于一个迪尔汗的课；付两个，便授之相当于两个迪尔汗的课程，依此类推。

宰查只便和他商定，每天交他一个迪尔汗，请他讲课。于是宰查只每天给他一个迪尔汗，每天从他那获得相应的知识。当宰查只学到知识后，也有人向他求学，他想以此弥补他所花掉的钱。这是穆拜莱德把他推荐给别人的。

正巧，宰查只教的是一个名叫戈希姆·本·欧白德拉的青年，宰查只发现该青年具有贵族气质，便对他说：“你能答应我，假若你今后当了大臣，就送给我两万第纳尔吗？”戈希姆应允了他。

后来，戈希姆果然交了好运，担任了穆耳台迪德哈里发的大臣。但他不愿从自己的腰包里掏出这笔钱，于是便让宰查只收人们的诉状，再交给自己。也就是说，交给大臣的诉状得先由宰查只收去再呈交给大臣。他让宰查只从每个递交诉状的当事人所交金额中提取相当的一部分，于是这个交一百，那个交一千，这意味着

① 宰查只：语法学家兼语言学家，著有《西伯威语法书中的诗句解释》、《〈古兰经〉的词义》等书。生卒于巴格达，卒于公元923年。——译者

② 穆拜莱德（约公元826—898年）：语法学家，巴士拉语法学派代表。在巴格达任教多年，其代表作为《辞章集成》，又译《诗文大全》。——译者

戈希姆·本·欧白德拉允许宰查只公开合法地受贿。宰查只由此出了名，人们都知道了他与大臣的亲密关系。于是，人们纷纷向他缴纳“委托费”，以解决各自的问题。通过这种方法，宰查只赚得了两万多第纳尔。他打算中止这项工作，却被要求继续干下去，赚再多的钱也无妨。足见当时社会的腐败。

当时，各种知识，尤其是语言学知识尚没有精确地分科，正如我们在穆拜莱德《辞章集成》一书中所见到的那样，语法、词法、修辞以及对《古兰经》雄辩语言的研究都混杂在一起。于是人们著书论述《古兰经》的词义及派生词，如《我做了与我让某人做了》一书、《造人与造物》一书以及《西伯威诗解》和《趣闻轶事》等。

宰查只的重要贡献之一在于他培养出了精通类比学和派生词学、知识渊博的著名学者艾布·阿里·法里西。

艾布·阿里·法里西又培养出了伊本·金尼。后者承继了其师的学派并有所发展。师生二人对词法学及语言学做出了重大贡献。

伊本·金尼的一个重大发现是看到了传统语法是建立在阿米勒的基础之上的，如前所述。如果我们说“宰德打了阿慕尔”[①]，宰德便处于主格地位，阿慕尔处于宾格地位，受动词“打”的影响。这种观点使人们在许多场合对一些语言现象进行穿凿附会的解释。伊本·金尼推翻了这种观点，他在他的《特征》一书中说：“事实上，在谈话中，词尾的主、宾、属、切格[②]变化，只是为说话者自己所用，

① 这句话的阿拉伯文顺序是“打了、宰德、阿慕尔”，谁打谁要通过两个名词的尾符才能知道。

② 这是阿拉伯语语法的四种变格现象。——译者

而非其他。”对此，他作了语法学家式的哲学分析。他说：“‘打’这个词一旦发音完毕，便不能成为宰德或阿慕尔的支配者。动词既不是主语也不是宾语的支配者；既不像类似动词的虚词[①]使起语变为宾格，谓语为主格，也不像残缺动词[②]使谓语变为宾格，起语仍为主格；更不是什么起语因为在句子的开始便是主格，因为这样说毫无意义；同样也不是什么谓语受起语影响亦为主格。”研究哈利勒[③]和西伯威语法的人认为语法是建立在阿米勒的基础上的，这种观点一直持续到伊斯兰历四世纪。伊本·金尼试图创立另一种语法，但令人遗憾的是他未找到听众，于是语法仍一直依赖阿米勒作基础。即使人们未找到阿米勒也要假设它的存在。语法学家一直恪守此规，极少有人加以补充。伊斯兰历四世纪的语法学家便是沿袭了这种方法，直到伊本·麦多的出现。前面讲过，他是穆瓦希德王朝科尔多瓦的大法官，他撰写了《对语法学家的回击》一书，其根基是伊本·金尼在其《特征》一书中阐述的理论。此书最近出版了。

伊本·麦多的观点是公开的，他对待语法学如同对待教法学一样，不相信辩解和类比，也不对动作支配者作任何实际的解释。

然而，正如他的前人伊本·金尼枉作努力，亦如艾布·努瓦斯提倡诗歌的创新徒劳无益一样，他的努力也付之东流了。多少个

---

① 阿拉伯语中有一类虚词，加在名词句前，使原来处于主格的起语变成宾格，谓语不变，仍为主格。——译者

② 阿拉伯语中有一类动词被称为残缺动词，加在名词句前使原来的谓语变宾格，起语不变，仍为主格。——译者

③ 哈利勒：文学、类比、语法、韵律学大师，西伯威等大批语言学名家为其弟子。他编著了阿拉伯语第一部字典《阿因》，约公元 786 年卒于巴士拉。——译者

世纪以来，直至今日，语法学家们依旧相信阿米勒的这一理论。

这个时代还出现了赛阿里比[①]的创新。他编著了《语言学》一书，汇集了同一内容、意义相近的各种词汇，并说明了它们之间的区别。他还专门写了《论语言之奥秘》一书，深入论述了不同的语义。伊本·赛伊达[②]在《语义词典》里对此作了详尽的发挥。在这部长达十七卷的鸿著里，他以语义而非单词作为全书的基础，由此创立了一个新的开端。

这个学派——这是一个连续不断的学派——以穆拜莱德到宰查只、艾布·阿里·法里西，再到伊本·金尼，对语言、语法、词法学产生了重大影响。

当初，语言、语法、词法学者分为三大类：保守派们无论在何种情况下都不主张越雷池一步，甚至对于文学，他们也绝不想有所创新，而只是一味模仿蒙昧时代诗歌的模式，纵使稍有让步，也只是效法倭马亚王朝的诗歌。

保守派伊本·艾阿拉比[③]因艾布·台玛木的创新倾向而不愿承认他的诗歌，甚至于达到了这种地步：当他听了一首不知作者的诗时，会拍手称赞，而一旦被告之诗作者是艾布·台玛木或艾布·努瓦斯时，他的反应便十分冷淡了。

文学上的自由派认为古代学者和近代学者都只遵循一个准

---

① 赛阿里比（公元961—1038年）：阿拔斯王朝的文学家、历史学家、语言学家。著有文史名作《时代诗人的绝唱》、《语言学》和《成语集》等三十六部书。——译者

② 伊本·赛伊达（公元1007—1066年）：生于西班牙。精通语言、文学、逻辑。其《语义词典》是一部按语义编排的辞典。——译者

③ 伊本·艾阿拉比（公元768—844年）：阿拉伯语言文学巨匠之一。生于库法，卒于萨马腊。——译者

则。因此，事实上，古代学者有文笔拙劣的，近代学者则可能妙笔生花，当然，也可能是正相反。当初，伊本·古太白①在他的《诗歌与诗人》一书中就持此观点，后来许多人继承了他这个观点。最突出的是艾布·努瓦斯，他曾抨击古代阿拉伯人一味地哭泣废墟、瓦砾，他倡导爱情诗的创新，以颂扬俊男佳酿为题材。可惜，他未能一直坚持自己的主张。在语言、语法、词法方面，艾布·阿里·法里西和他的弟子伊本·金尼亦属于这一类。也许伊本·法里斯属于介乎新、旧之间的中间派。

他的著作《萨西比》可证明这一点。这本书是为他的学生萨西布写的，故得名。伊本·法里斯在这本书中时而阐述保守、谨慎的观点；时而阐述自由派的意见。他的保守倾向表现在视韵律学高于哲学。他说："韵律学以其美妙、细腻、质朴超越了那些自诩为所谓哲学家的人所炫耀的一切优点。"

可以看到以上所表述的意思多么荒诞。照他的说法，"哲学家不能在语法、词法方面著书，即使写了书，也是没有价值的。"然而，一个哲学家仅精通哲学不通其他学问又有什么过错呢？

他的保守还表现在，他认为语言是天定的，而不是人为创造的。而自由派穆阿台及勒派则认为语言是人创造的，不是天定的。艾布·阿里·法里西和伊本·金尼就持这种观点。伊本·法里斯在这些问题上是反动的，在另一些问题上却是先进的。如他在给他的一个朋友穆罕默德·本·赛义德的一封信中，责怪他禁止同

① 伊本·古太白（公元 828—889 年）：呼罗珊人。博学多才，兼法学家、圣训学家、文学家、史学家和语法家于一身，著有《诗歌与诗人》、《名人传记》、《百科全书》等著作。生于库法，卒于巴格达。——译者

代文人继艾布·台玛木《坚贞诗集》后再编著其他选集。伊本·法里斯说："同时代的文人以其精湛优美的诗句及才华横溢的文选，可以弥补前者的不足，为何否认、压制他们？谁说后人不能超过前人？君只见'前人的文采无与伦比'，殊不知后人更是才华卓绝。宇宙之存在乃时光之荏苒，时代造就伟人。科学不只是继承遗产，更是智慧的再创造。孰能将文学限定于某个时代使其停滞不前？"毋庸置疑，这是一种进步的观点。

另一方面，我们看到他对当时普遍流行的语法谬误——甚至语法学家和学者也未能幸免——十分不满，他说："时下我们可以看到圣训学家讲演时犯语法错误；教法学家写作时也犯语法错误，若被人提醒，他们还振振有词：我们不懂语法分析，我们是教法学家和圣训学家。"这个时期我们看到的另一种现象是重视语言学。伊本·法里斯的《萨西比》一书充满了这种被称为是语言学的问题。赛阿里比写了一本关于语言学的书，开宗明义阐明这门学科被称为"语言的费格海[①]"的原因：因为埃米尔选中了这个词并赠予了他。由此证明这个名称是在这个时期创造出来的，意思是阐明词与词之间的细微差异，这些词一般被认为是同义词，而实际上并非如此。有些语言学家，如艾布·希拉勒·阿斯凯里称这为"差异"。

在近代，我们发现他们将被外国人称为"philology"[②]的学科叫作语言的费格海，虽然外国人对这个词词义的理解与我们不尽

① 费格海：阿拉伯文的译音，原意为"学问、通晓"，引义为教法学和语言学。——译者

② 英文：意为"语言学"。——译者

相同，大多数外国语言学家对该词的理解是：将各种不同语言中的词汇和语言的历史进行对照比较。也许“语言的费格海”一词取自当时流行的名词“费格海学”[①]。而实际上，外国人的较之阿拉伯人的语言学有更丰富的内涵。

伊本·法里斯说他的《萨西比》一书是论述阿拉伯语言学和阿拉伯人的讲话规则的。我不知是有人先于萨阿里比和伊本·法里斯创造了这一名称还是由他二人创造的，我认为很可能是前者。因为萨氏提到过这个名称是由一个他曾为之著书的人创造的，该人大概是艾布·法多勒·米卡里。

令人遗憾的是，伊本·法里斯在《萨西比》一书中声称阿拉伯语是语言表达、表现手法和成语最丰富的语言，这正是当时学者们争论不休的问题。也许伊本·法里斯的看法是对舒欧比亚论的一种反应。有人曾就此问题问过艾布·苏莱曼·曼提吉，他比伊本·法里斯明智，他的回答是，答复这个问题需要了解世界上各种语言并进行多种比较才行，不能轻易作答。这种回答证明他视野开阔、思想深邃并对回答这样的问题有责任感，无疑，他的答复胜过了伊本·法里斯的看法。

舒欧比亚主义对阿拉伯人的攻击使阿拉伯人对阿拉伯语偏执地加以维护，他们过分地美化了自己的语言。

总而言之，当时的语言、语法、词法学家具有强烈的责任感，他们认为自己肩负着多种重大责任，即清除方言土语、击溃舒欧比亚主义的进攻、复兴并尽可能在更多的领域推广标准的阿拉伯语。

① 即教法学。——译者

当时对语言和文学贡献最大的是赛阿里比，他的著作论及了语言学、伊历四世纪的著名诗人及他们的代表作等多方面内容。他的写作手法新颖，专设章节分国别论述诗人，还编纂了珍闻趣事。赛阿里比著述甚丰，多不可数。有人对他最重要的著作《时代的绝唱》一书进行了批评，指责他在介绍诗人生平时只注意词藻的华美、动听，却不注重对诗人的心理和作品的分析，以至于他对某一诗人的介绍亦适用于另一个诗人。尽管如此，赛阿里比介绍了为数众多的诗人，其功绩是不可抹煞的。若没有他的努力，人们便对这些诗人一无所知。

当时的习惯做法是，各个伊斯兰国家都派人前往伊拉克，特别是巴格达求学，正如我们今日派人前往欧洲留学一样。埃及派了两个青年去巴格达学习语言、语法等知识，他们抵达巴格达后，发现那里名声最大的是宰查只。对此人，我们在前面已作过介绍。这两个埃及青年是伊本·沃拉德和伊本·奈哈斯。他俩拜宰查只为师，也向其他人求教，学成后返回埃及，在埃及传播语法和词法学。但他俩只是照搬巴格达人的一套，未有任何创造。二人中，伊本·沃拉德更受宰查只喜爱，每有埃及人去巴格达，宰查只便问及伊本·沃拉德的情况。伊本·沃拉德和伊本·奈哈斯在开罗创立了一个学派，类似宰查只在巴格达的学派，包括经注学、语法学、词法学等等。但如通常同行相争一样，他俩之间也有纷争，各自指责对方无知。于是有位埃米尔便将二人召集在一起，命他俩当面进行辩论。伊本·奈哈斯以巴格达人的方式发问：你如何将三母动词“扔”按五个字母的形式进行动词变位？伊本·沃拉德便作了回答。伊本·奈哈斯说你错了，阿拉伯语里没有这个动词形式。伊本·沃拉德说,我这是为了回答你的问题。尽管没有实际意义,但我的动词变位并没有错。像伊本·奈哈斯这种抬杠式的做法完全是巴格达人的习惯。当时,伊本·沃拉德比起另一位来,更受埃及人的爱戴,因为他高雅、慷慨、宽容,完全不同于伊本·奈哈斯。伊本·沃拉德著有《西伯威的胜利》、《减尾名词和延尾名词》[①]、《〈古兰经〉的词义》等书。伊本·奈哈斯的著作有《西伯威语法书中的诗句注释》、《语法大全》等。埃及充满了伊拉克的科学和著作,与他二人的作用是分不开的。

人们说,鲁玛尼[②]是这个时期第一个将语法与逻辑相结合的人。这是由于他在语法中重视逻辑分类并对律例作出逻辑分析的缘故。因为希腊哲学当时已在这块土地上传播,甚至希腊语法也为人们所了解。专家们在争论:阿拉伯语法与希腊语法孰为最佳?艾布·哈彦·陶希迪在《求知录》一书中对此作了论述。

修　辞　学

谈及修辞学,我们发现它是围绕着对《古兰经》中各种雄辩、高超的文辞所进行的研究而形成的。最初,它是零散、无系统的,随着时代的发展,不断得到扩充,直到艾布·希拉勒·阿斯凯里的出

① 减尾名词:系指词尾是柔弱字母"艾利夫"的名词。延尾名词:系指词尾是"海姆宰",而"海姆宰"前面有一个附加的"艾利夫"的名词。——译者

② 鲁玛尼(公元908—994年):生卒于巴格达。语言、语法学家、经注家、法学家、穆阿台及勒派教义学家。撰有《〈古兰经〉学大全》、《同义词与近义词》、《西伯威语法书诠释》等。——译者

现，他使修辞学成为最有研究价值的学科之一，因为不懂修辞便无法理解《古兰经》的雄辩及文辞的优美。

艾布·希拉勒·阿斯凯里在自己的著作中深入探讨了如何提高语言水平、使其美妙、高雅等问题，同时指出了降低语言水平、使其拙劣、粗糙的各种弊病。

修辞学曾被称为形象修辞。伊斯兰历四世纪后，阿卜杜·戈希尔·朱尔加尼[①]以其两本经典著作为人们提供了一门精确、规范、系统的学科。这两本书是《文辞雄辩指南》和《修辞之奥秘》。

第一本书研究了赋予语言典雅、华丽的种种修辞手法，包括美妙的借喻、新颖的转喻及有趣的拟人、比喻等。还多处涉及了后来被称为句式修辞和形象修辞的一些修辞方法。

赛卡基[②]将这些研究分成了两大类学科，一类与诗文有关，他称之为句式修辞；另一类与隐喻、比喻、借喻、转喻相联，他称之为形象修辞。

对修辞学做出卓越贡献的还有扎马赫沙里，主要体现在他写的《凯沙甫》一书里。但由于他的研究分散零落，因此未将他列入修辞学著者之列。

有些文人专门撰文论述藻饰修辞的种种表现手法。首开先河的是阿卜杜拉·本·穆阿台兹，他在《藻饰修辞》一书中收集了十七种修辞现象。继他之后，又有古达迈·本·加法尔[③]，将种类数

① 朱尔加尼：著名语言学家、修辞学家。卒于公元1078年。——译者

② 赛卡基(公元1160—1228年)：语言学家、文学家。其《科学之钥匙》一书为辞巧学的权威著作。生卒于花拉子模。——译者

③ 古达迈·本·加法尔：著名作家。文辞优美，精通诗歌与散文批评，对逻辑学研究造诣颇深。著有《地租》、《诗歌批评》、《散文批评》等书。公元948年卒于巴格达。——译者

目扩展到二十，接着是我们前面提到过的艾布·希拉勒·阿斯凯里，他罗列了二十七种。后来还有人不断增加新的修辞方式，宰基丁·本·艾比·易斯拜阿竟在他的《编辑》一书中罗列了九十种。

在伊斯兰历四世纪形成的修辞及语法、词法、语言，后来都未见有明显发展。后人所做的事无外乎将分散的集中起来；或者将集中的划分种类；或者对含混不清的进行诠释；或者将零散驳杂的进行归并……从而导致这些学科失去了灵魂，成为枯燥无味的工具。

总之，学者们勤奋热情地钻研这些学科，以使它们为阐明《古兰经》本文的含义而服务。语法学家们热衷于《古兰经》的语法分析，如基萨依[①]、法拉乌[②]和宰查只。当时他们的语法包含了许多形象修辞的成分，如铺陈、省略、提前、后置等。他们中有人专门研究《古兰经》的隐喻手法，例如，艾布·欧拜德[③]写了《〈古兰经〉隐喻法》一书，布哈里在其《至圣实录》一书“经注”一章里摘录了许多。修辞学家们则努力探究使语言文辞雄辩有力的各种修辞方式。阿卜杜·戈希尔·朱尔加尼将自己的著作命名为《文辞雄辩指南》。艾布·白克尔·巴基拉尼[④]写了一本十分著名的书，专论文辞雄辩的种种手法。因此，修辞学诸学科是为《古兰经》服务，并

① 基萨依：库法派语法学家，七大经诵家之一。师承哈利勒并曾受哈里发拉希德之托教授其二子艾敏和麦蒙。生于库法，约公元805年卒于赖伊附近。——译者

② 法拉乌（约公元761—822年）：库法语言学大师，基萨依之弟子。曾教授过哈里发麦蒙之二子。——译者

③ 艾布·欧拜德（公元728—825年）：语言学家兼诗人。生卒于巴士拉。——译者

④ 艾布·白克尔·巴基拉尼：教义学家。生于巴士拉，公元1013年卒于巴格达。——译者

因此才得到发展成长的说法，并非言过其实。

本章主要参考书目

《觉悟者的愿望》

《巴士拉人与库法人的史纪》

伊本·麦多：《对语法学家的回击》

伊本·金尼：《特征》

伊本·赫勒敦：《历史绪论》

米特兹：《阿拉伯伊斯兰文明史》

《语言学》

伊本·赛达：《语义词典》

赛阿里比：《时代诗人的绝唱》

第五章　哲学

阿拉伯人出于天性，不近哲学，不懂哲学。他们擅长言辞却不擅深邃的哲理。他们喜欢格言而不长于哲学。格言和哲学各有特点。阿拉伯人是在接触了希腊人、波斯人、印度人和罗马人之后才对哲学有所了解的，正是这些人将他们的哲学著作传入了阿拉伯。伊斯兰哲学的传播经历了三个阶段：首先是从各地零星地收集哲学，如倭马亚人哈立德·本·叶齐德等所为；第二阶段是系统地翻译哲学著作，这是发生在阿拔斯王朝前期麦蒙时代的事情；到了第三阶段，这门科学已越来越清楚，伊斯兰哲学家开始领悟哲学并对哲学加以评介和补充了。

及至阿拔斯王朝后期，翻译工作已基本完成，穆斯林们开始利用这些书籍了，下列几位哲学家的著作体现了这一点。首先是穆罕默德·本·艾比·白克尔·拉齐，继而是法拉比，再后是伊本·西那。

当时，哲学的内容较之今天更为广阔，更为丰富，包括逻辑、物理、化学、神学、数学、心理学、社会学，等等。但随着时代变迁，许多学科相继从哲学中分离出来，自成一体，例如逻辑学、心理学、社会学。其他学科大概也脱离了哲学而独立出来。

最早在伊斯兰帝国出现的哲学，是那些为满足王公大臣及平民百姓需要的实用学科，如医学和星相学。正如安萨里所说的："我们本欲求与真主无关的知识，但最后却发现真主寓于一切知识之中。"

由此可见，哲学的产生起初是满足医学和星相学的需要，最后则变成了纯粹的研究。

哲学的开始是半神话的：天文学以占星学为起点，医学以民间流行的医术为基础。后来，所有这些才转变为对真理的探索和系统的研究。占星学演变成了天文学，炼金术演变成了化学，诸如此类，时代愈前进，哲学愈具体。物理学旨在了解构成物质的成分；化学研究物质成分组合的规律、各种成分的数量以及它们之间的相互关系，如此等等。

比这一切都更为重要的是：哲学超越了有关物质及其构成的各种具体内容，力图综合所有知识的成果并加以协调，就像从飞机上居高临下才能纵观各个战场的全局，又像枝叶茂盛的大树依赖那深深扎入土地的根。各门学科的学者致力于本学科的研究，哲学则集中各门学科之成果，协调整理，深入研究。

真正的哲学家是那些能够将自己的切身经验充实到科学中去的人。阿拔斯王朝后期的哲学家便是如此。他们受益于先辈哲学家，借鉴翻译过来的各种文化，并对之进行修正、协调，从而取得了辉煌的成果，成为欧洲复兴之初哲学家们的依托和楷模。杰出者当推医学界的伊本·西那，研究领域的拉齐以及神学界的安萨里。

诚然，欧洲人最初是站在穆斯林哲学家的肩上研究哲学的，但是，欧洲人很快就超过了他们，达到了伊斯兰哲学家所未达到的境界。令人惋惜的是我们的穆斯林哲学家却没有像西方人那样腾飞，而是多年来一直墨守成规，很少有人在理论上超越前人。

伊斯兰哲学首先表现在教义学上。那是因为犹太人、基督徒及拜物教者等非伊斯兰民族提出了一些以前从未被提及过的问题，诸如宿命、自由意志、真主的公正判决等。他们在哲学中找到了答案，于是便如获至宝，纷纷以哲学作武器。他们不仅对哲学进行学术研究，而且在一些问题上攻击伊斯兰教，因而迫使一些穆斯林亦用哲学作武器来抵抗对伊斯兰的攻击。这便是教义学产生的原因。

最早的伊斯兰教捍卫者是教义学家。其中有一些逊尼派的信徒，但最强有力、最大胆、最果敢地起来捍卫伊斯兰教的是穆阿台及勒派人，他们甚至使争辩这种文化现象成为伊斯兰的重要信条之一。

教义学家和各宗教人士对哲学的态度引起了对一系列问题的争议，例如，罪恶是否出自真主的意愿？邪恶于世界有何益处？真主能够抑制暴虐吗？等等。

教义学为哲学奠定了基础。教义学与哲学的最大区别在于：教义学家首先信仰的是他的宗教，其次才去进行他的哲学探索，以加强和维护宗教观点，并对反对派加以驳斥。

而哲学家则不带任何先入的偏见来研究这些问题，他总是无条件地服从证据。因此，教义学家和哲学家之间自然是有矛盾分歧的。如穆阿台及勒派的查希兹同第一位哲学家铿迪之间便是如此。前者在《动物志》中对铿迪进行了讽刺、奚落和中伤。

在这方面，肯定还有许多我们所不知道的例子。

阿拔斯王朝后期最著名的哲学家有法拉比、精诚兄弟社、比鲁尼和伊本·西那。法拉比具有突厥血统。当时伊斯兰哲学家总体上分为两大派，一派是演绎派；另一派是归纳派。演绎派哲学家先确定总则，再从中演绎出细则来，正如我们说“主语，是主格；宾语，为宾格”一样，然后，再用具体的例子证实总则。归纳派则是先将细则归纳，再从中推论出总则。

教义学家倾向于归纳派，而最初的哲学家则更推崇演绎派。

法拉比属于演绎派哲学家。第·博尔以此称呼那些自然科学家。

对于我们来说，法拉比的详细生平并不重要，重要的是他的哲学活动。据说，他在哲学上曾求教于一个名叫约翰·本·海兰的基督徒。像所有学科的发轫阶段一样，法拉比的语言解释也是晦涩难懂的。据说，连伊本·西那这样伟大的哲人，为了理解他的《形而上学》一书，也不得不阅读四十遍。法拉比参加了赛弗·道莱的学术聚会，并一直坚持出席直至逝世。

令人遗憾的是，希腊哲学虽被译成了阿拉伯文，但各个学派、各个哲学家的观点却混在了一起，未加以区分，于是张冠李戴，不属于亚里士多德或柏拉图的观点被归之于本人，致使法拉比不得不著书以调和柏拉图和亚里士多德的观点，而这种调和本是行不通的。在法拉比看来，似乎大哲学家之间是没有分歧的。他没有充分重视也未仔细研究局部、个别的事物。

法拉比被认为是各门科学的集中代表，他是医治身体兼精神的医生，是杰出的音乐家。他为科学的分类立下了丰功伟绩。

法拉比是第一个以总体的观点看待哲学的伊斯兰哲学家。在他之前，有哲学家铿迪，穆阿台及勒派的奈萨姆、查希兹、艾布·胡载里·阿拉弗也谈论哲学问题，但是，在他之前没有一个人全面、详尽地论述过哲学。其后的伊本·西那、伊本·鲁世德继承了他的衣钵。他在“全面性、系统性”方面效法了前辈亚里士多德。如果说铿迪是继亚里士多德之后的“第二位导师”，不如说法拉比更适合这个称号。

法拉比看待社会的哲学观点深受亚里士多德“人从本性上讲都是文明的”这句名言的影响，他认为社会就像一个人，身上某一器官疼痛，其他部位也都受牵连；反之，一个器官感觉舒适，其他器官亦然。

法拉比的哲学思想有三大来源：希腊哲学，尤其是柏拉图学派和亚里士多德学派、伊斯兰教以及他自己的思维，这种思维一方面使希腊哲学各个部分相互结合，另一方面又使整个希腊哲学同伊斯兰教协调起来。这种协调需要高度的智慧和聪睿的头脑，因为希腊哲学内部派系繁杂颇难协调；又因为哲学的支柱是理性，而宗教的支柱则是心灵。第一方面协调的突出例子是他《两大智者观点之一致性》这部著作，两智者即柏拉图和亚里士多德。第二方面协调的典型事例是他撰写了《论理想国的居民观》一书，其中许多部分是模仿柏拉图《理想国》的，但是他摒弃了那些与伊斯兰教明显相悖的部分，补充了许多伊斯兰教义。例如，关于理想国之统治者应具备的条件，他说，这位首领应“生理正常，体魄健壮，才思敏捷，博闻强记，聪颖机智，善于辞令，喜爱科学，诚实正直，坚韧自信，清廉寡欲”。这些条件全引自柏拉图的《理想国》。

除此之外，法拉比还补充了一个引自宗教的条件，即理想国的首领应升华到“原动的精神”之高度，天启默示由此产生。具原动精神者乃真主也。

法拉比认为，凡具实在性者，或为必然的实在，或为可能的实在，除这两种外，别无具实在性者。宇宙间森罗万象皆源于真主。借万象而认识真主便是我们认识真主的方法。万有唯自真主流出。自无始以来，万物的形式便涵于真主本体之中。自真主流出第二实在成第一精神，正是它转动了最大的天体。继第一精神之后，八大天体的精神相继流出、产生。一切天体都是由这些精神流出的。这九种精神即所谓“天神”，都算作第二级的实在。

在第三级的实在中，有原动的精神，也被称为玄灵，是上下界间的中介。

灵魂居于第四级的实在，精神和灵魂皆不能永保其纯粹单一的原状，而是由人类个体的繁殖而增多。形式居于第五级，物质居于第六级。精神的实在的系统至此结束。

第一级至第三级，真主、天体的精神和原动的精神，不是实体；而后三级，灵魂、形式和物质则虽不是实体却与实体发生联系。

法拉比不承认关于对星体的判断，他认为，人类通过这些天体的精神获得知识并且只有凭借这些精神的辅助才能了解自己所经验的事理。每一个精神影响下一级的精神，换言之，每一个精神接受上一级精神的作用，又对下一级精神产生影响。法拉比曾说过，原动的精神寓于人类，但在另一场合，他又说，原动的精神即最低一级天体的精神，在人的精神中它是原动的，施作用于人的精神。灵魂与肉体的分离赋予灵魂以一切精神所具有的自由。

法拉比认为，只有在理想国里，道德才能尽善尽美，因为如前所述，人从本性上讲都是文明的。愚昧地域的居民其灵魂不具备精神，它还原成各种成分，重新组合成其他的人种或低等动物。这种说法与轮回之说颇为相似。迷惘的灵魂与愚昧的灵魂接受的是同样的东西，只有崇高的灵魂脱离肉体后才能获得永存并进入精神的世界。知识程度愈高，死后在灵魂中的地位愈高，所获精神幸福愈多。

法拉比潜心致力于将哲学与宗教相互调和，从而创立了"预见"论。当时，"预见说"是个流行话题，肯定者与否定者各持己见，相争不下，于是与此有关的书籍问世了，例如查希兹、戈迪·阿卜杜·哲巴鲁尔等人所作的《预言的证据》、《先知名人传》等。另外一些人则著书反对预见说，如伊本·拉万迪、艾布·白克尔·拉齐等。法拉比则提出了新的见解，对此，他以哲学的精神加以肯定。他将预见与梦幻联系起来，为此，他在一些著作中设两个相联的章节，一是梦幻，另一个是预言。他将这两种现象归结于人的想象力。也许是伊斯兰教本身赋予他这种启示：伊斯兰教将可实现的梦看作是预言的基础。圣训说："天启最初是以真切的梦境开始的。如果某人看到梦幻如同拂晓的曙光那样清晰明确，他便是先知。"法拉比认为梦境是反映做梦者的身体、精神状况以及他清醒时的感觉的。由于不同的刺激因素，梦境中呈现出与清醒时不同的状况：饥饿者梦见自己在进食，口渴者梦见自己在凫水。"也许有人会在睡梦中受某种特殊情绪的支配而活动起来，或下床，殴打一个不相识者，或随其后奔跑。"

如果一个人的感觉和幻觉升华了，他的想象便能够以精神世界的形式构成梦境，睡者便看见了天国及天国中的事物并感觉到了其中的惬意与欢快。想象也许会上升到这个世界，与原动的精

神发生联系并接受与局部行为和个别事件有关的判断，这就形成了预见。由此可以解释先知的预见性。法拉比还说："如果一个人的想象力丰富、健全，不被他所感受到的来自外部的感觉完全控制；如果这种想象力不是为外在的表现力服务，而是与感觉和外在表现力结合在一起实现想象之所及；如果一个人清醒着，其想象与感觉和表现力结合在一起时的情形同他处于睡眠状态，各种因素离析时的情形一样，想象力便与原动的精神联在了一起并能够反映出原动精神之最完美的形象。这时他就会说，真主具有一种伟大神奇的力量，他能看到其他万物不可能具备其特征的奇特的事物。不排除这种情形：人的想象力如果达到了完美的境界，便可从原动的精神接受现世、未来及其他高尚事物的局部真谛，从而对神的事物有了预见的能力。这便是想象力以及人通过想象力最终达到的至高境界。"

这种理论的缺陷在于将先知的预见与想象联在了一起，似乎先知所见均为想象。另外，他把先知所见及所倡导之事当作想象而非所见之事实，这就贬低了先知的作用，因而，这也被认为是他的理论的一个缺陷——尽管这个缺陷并不明显。然而，这种理论的优点在于使预见性与某些人所具备的天赋相联，从而符合了宗教人士的主张，即预见乃真主所赐并非后天所获。

尽管法拉比这种理论存在着缺点，伊本·西那、伊本·鲁世德、某些什叶派人和精诚兄弟社及苏菲派的一些人在他们的论著中依然承袭了这种理论。根据这种理论，苏菲派将一些圣徒的地位提高到接近先知的地步。安萨里不是哲学家而是一个逊尼派人，他不同意法拉比的观点，他在《哲学家的矛盾》一书中对法拉比的观点进行了批驳，他说："先知可以直接或通过某个天神同真主联系，不需要特殊的想象力或任何一种由哲学家规定的条件。"

总而言之，法拉比关于"先知预见"的理论在穆斯林中产生了巨大的影响，他们或效法、重复、诠释，或对之加以驳斥和反击。

我们不妨这样说，伊斯兰哲学的基础是由法拉比在伊斯兰历四世纪奠定的，其后的五世纪及至更后的若干世纪，出现的只是解释、诠注和评论。

法拉比还研究了幸福观，这种观点曾是前人亚里士多德所关注的。直至今日，哲学家们仍在不断地加以注释和补充。什么是幸福？它与快乐有什么关系？幸福无非就是快乐吗？宾塔姆和詹斯图瓦尔德·摩尔甚至为此专门写了两本书，主张幸福就是快乐，只有快乐才能使人幸福。任何事物行为，给人带来的快乐胜过给人造成的痛苦便被称为"美德"，反之，如痛苦超过快乐，那便是"劣行"。高尚的情操、卑劣的品格及犯罪行为的衡量标准就在于其行为带来的是快乐还是痛苦。

法拉比在其著作中对这个内容进行了论证。他研究了幸福及其条件和程度，就像后来一些近代哲学家所阐述的那样，法拉比阐述了灵魂、精神的享受胜于物质、肉体的享受的道理。

法拉比受其生活方式的影响，他的幸福观是苏菲派的观点。既然精神高于肉体，源于精神的幸福自然胜过肉体带来的欢乐。他在一些论著中说，幸福就是人的灵魂变得完美以至于不需要任何一种物质。人的灵魂寓于一切脱离肉体的事物和从物质中分离出来的本质之中……幸福是人生最美好的追求，没有什么比人类获得幸福更伟大的事情了。任何时候，幸福的获得也不能被其他事物所代替，有益于实现幸福的理智行为是美好的行为；随心所欲、放纵自己则是不健全、不道德的和卑劣的行为。

总之，若将法拉比的著作收集、整理、分类，那将是一部哲学百科全书。与伊本·西那、伊本·鲁世德和其他哲人相比，法拉比为伊斯兰哲学之基础的奠定所做的贡献最大。

有一个完全不同于法拉比的、另一类型的学者，他就是艾布·赖哈尼·比鲁尼。尽管他是伊斯兰历五世纪逝世的，但他的辉煌成就产生于伊斯兰历四世纪。伊斯兰历362年，他出生在花拉子模城郊区——比鲁尼。我们说他属于另一类型是因为他没有像法拉比那样研究神学和逻辑学理论，而是致力于地理、天文和各民族状况的研究。他注重实践甚于理论。他的最大特点是醉心于研究印度——印度的宗教，印度的数学、哲学，印度的信仰和传统。他从伴随印度征服者加兹尼人麦哈茂德时代起，致力于印度学研究达四十年之久。了解印度的欲望使他学会了梵文。他著述甚丰，直至今日，这些著作仍是了解印度的可靠依据。其中《印度考察记》是其重要著作之一。他在书中将印度数学同希腊数学作了比较，并倾向后者。他还将印度哲学同希腊哲学作了对比。而且他同印度人互相交流了学识。他的另一大特点是目光深邃，襟怀宽阔，对各民族风俗民情了解甚多而且公允无偏。他不因自己的信仰而妨碍其对反对派作出公正的评价，因此，他是东西方学者的楷模。

比鲁尼与伊本·西那互通信件，这些信件足以证明他在哲学上的造诣和功力。伊本·西那给他的信至今尚存于我们手中，而比鲁尼写给伊本·西那的信则留在波斯，我们无从了解。

比鲁尼在天文学方面的重要著作是《麦斯欧迪天文学和占星学原理》。这本书包含了各方面的天文学知识。内容之丰富为前人所不及。该书还涉及了许多地理学知识。他的著作包罗宏富，甚至还编撰了阿拉伯文学选。比鲁尼在他的一些著作中直言宣称，他宁愿用阿拉伯文，而不是波斯文进行写作，因阿拉伯文比波斯文更能适应科学及其术语的要求。据说，他曾说过这样的话："我用阿拉伯文的嘲弄之言胜过我用波斯文的赞誉之辞。"他还就宝石的属性问题专著一书。他对待历史的态度是理性的，只有符合理性的观点才能为他所接受，这同以后的伊本·赫勒敦一模一样。他深信大自然有其固定不变的规律。伊本·罕里康说，比鲁尼弥留之际，一法学家前去探望，比鲁尼便向他请教关于他亲戚的遗产分配问题。法学家说，难道在这样的时刻你还问这种问题？他答道："为了我见真主时对这个问题心中有数而不是一无所知。"法学家说，我走出门口他就断了气。这说明他是一个多么理智的人，不愿对任何事情愚昧无知。他注重实践的研究方法与后来的米斯凯韦十分相像，只是他的思维能力比米斯凯韦更胜一筹。

一言以蔽之，比鲁尼是伊斯兰历四世纪的一个伟人，是一个稀世之才。

伊斯兰哲学在伊本·西那时代达到了巅峰。伊本·西那生于伊斯兰历 370 年/公元 980 年，生长、生活在阿拔斯王朝后期——伊斯兰历四世纪。他的研究领域宽阔，他是擅长写哲理性文学作品的小说家，著有《哈伊·伊本·叶格赞的故事》、《飞禽的信》、《萨拉曼和艾布萨尔的故事》等，同时他又是一个诗人。

伊本·西那还在一些信件中流露出了苏菲派的倾向。但是，他强烈的个性和气质阻碍了他在苏菲主义上的宏大进展。他的真正价值体现在了哲学上。他不遗余力地试图将亚里士多德的哲学和新柏拉图主义及伊斯兰教调和在一起。他的哲学多是围绕幸福观的。他认为，从“第一创造者”起，善美便充盈世界，宇宙万有游于善美之海，每一事物都得到应得并与之相宜的一份善美。世间这一规律是万物赖以生存的最佳规律，这个世界是思维所至的最好世界。他还研究了这个世界为什么存在邪恶？真主对邪恶的存在有什么作用？邪恶是如何由绝对行善的第一创造者溢出的？黑暗是否诞生于烈火？缺陷是否产生于完美？穷人的衣服被火烧、父母的独子丧了命、人被剥夺了追求完美的权利，所有这些难道不都是邪恶吗？第一创造者的无边威力难道不能创造绝对的善美而避免邪恶、只创造快乐不创造痛苦、只创造光明不创造黑暗吗？回答这些问题需以“我们所处的这个世界是一个腐败的世界”为前提。伊本·西那认为善与恶是并存的，善乃万有之本，恶是虚无之源，归根结蒂一切事物都是美好的。

伊本·西那认为快乐有高级与低俗之分。他说：“智者不应以为一切快乐都同驴子的快乐一样。”是的，牲畜也有它们的幸福与欢乐。但如果忘记了高级的乐趣，这些低下的快感又有什么价值呢？不懂得也不能体味到高级享乐的愚人如同听不到美妙旋律的聋子。伊本·西那认为精神享受胜过物质的享乐，故而他在前面提到过的三个故事中主张，人的完美在于从兽欲中解放出来。因为人的欲望及对物质的追求阻碍其达到高级的境界。他认为，人分为若干等级，最高级别的人是那些摆脱了具体的物质事物而追求高尚理想的人，这些人能体会到那些贪恋物质享受者所无法得到的幸福。伊本·西那是这样描述高尚的人的："他温和善良，笑容可掬，谦逊达观，待人接物不论年龄大小、声望高低，一律一视同仁、恭敬礼让；他从不贪婪，不以得而喜，不因失而忧，不因遇挫而动怒，不打探他人隐私；他与人为善，不颐指气使；他勇敢无畏、慷慨宽容；他心胸豁达、不计前嫌；他生活克俭、朴素清廉。"伊本·西那似乎在为我们描述一个完美无缺的人。他又说："有志者若潜心陶冶自己的灵魂，便可达到这样一种境界：变个别特殊为普遍一般，变点点光亮为耀眼流星；若达到更高境地，他便接近了真主，在他身上便能体现造物主之美，他就会充分领略到真正的快乐从而自我超脱：只看到被崇拜的造物主，只看到真正的美而忘却自己。即使看到了自我也是灵魂的发现并非自身的修饰……"

综观上述，可看到体现在伊本·图菲勒小说《哈伊·本·叶格赞》里的基调。伊本·西那的哲学糅合了苏菲派神秘主义、禁欲主义和精神生活。他是一个乐观派，相信人之善良。他在他的《指导与诠明之书》中写下了这样的忠告："应该保管好这门科学（即哲学），不要在人们中传播。"他说："在《指导与诠明之书》中，我为你搅出了纯正的黄油，向你提供了真正的食粮，这就是哲理。你应保护它免遭愚者与俗人的亵渎；你若散布或湮没了这门科学，将为天理不容。真主至仁明鉴。"

伊本·西那是一个政治活动家和哲学理论家。他在哲学上获得了成功，在政治上却是个失败者。他信仰个人灵魂的永恒，他熟谙当时社会的各门学科，他的书籍若加以整理，便是一部哲学百科全书。他在医学上的成就尤为显赫。他的《医典》一书，直至近代，一直是西方大学的教科书，以至于该书在公元 15 世纪用拉丁语印刷了十六次；公元16世纪印刷了二十次。他的著作在东、西方代替了亚里士多德的书。他的哲学与亚里士多德的哲学在许多问题上有分歧，尤其是那些不符合伊斯兰教的地方。亚里士多德的上帝只识自身本体，而伊本·西那的真主则既认识自身本体，又认识万物本质，还把无数局部作为一个整体来认识。关于逻辑，伊本·西那编著了《东方人的逻辑》一书，书中他对亚里士多德的一些观点提出了不同的看法，有些甚至是反驳亚里士多德的理论。在逻辑、认知理论及整体问题上，伊本·西那是追随法拉比的。

伊本·西那认为地球上的事件受天空星体的影响，不是星体发出的热量，而是星体发射出的光。在这一点，他与新柏拉图主义的主张如出一辙。在其后的若干世纪中，无论是在东方还是西方，伊本·西那一直在哲学领域产生着影响，出类拔萃者才能理解他的哲学。科学仍然在期待着有人证实：哪些理论是他借鉴希腊人和印度人的，哪些属于他自己的创造。伊本·西那卒于伊斯兰历428年/公元1037年。他的大多数成果完成于伊斯兰历四世纪。与他的哲学相比，伊斯兰的思维僵化了，以后几乎很少再有创新。

最近，在巴格达举办了一次纪念伊本·西那诞辰一千周年的庆祝会，在此之前，土耳其举办了一次，波斯人也准备为伊本·西那举办纪念活动。俄国人则宣称伊本·西那是俄罗斯人，因为他是俄国境内的突厥斯坦人。其实真正的学者的国籍不应局限在某一国度，正如他的科学和哲学一样，他本人也是全人类的财富。伊本·西那的身份是多重的：出生在突厥斯坦，接受了阿拉伯伊斯兰的教育，同时用阿拉伯文和波斯文写作。他具有多重性，故不应把籍贯限定在某一个民族。

精诚兄弟社

精诚兄弟社(或精诚同志社)是诞生在巴士拉的一介秘密团体,如《论文集》所述,它在大多数城市设有分社。过去的巴士拉,在哈桑·巴士里时代是各种流派的发源地。最早的苏菲派是当时居住在巴士拉的哈桑·巴士里的弟子;穆阿台及勒派也出自哈桑的学生之中;在巴士拉还诞生了一大著名语法学派“巴士拉学派”,与另一语法学派“库法学派”相峙抗衡。而今,“精诚兄弟社”也诞生于巴士拉。向我们提供这个团体创始人情况的唯一资料是艾布·哈彦的两本书《慰藉与温馨》和《求知录》。吉福提引用了艾布·哈彦在这两本书中说过的话:大约在伊斯兰历 373 年/公元 983 年,大臣萨姆萨姆问艾布·哈彦,后者回答,宰德·本·里法阿久住巴士拉,结识了一批集各种知识、各类工艺于一身的人,其中有艾布·苏莱曼·布思提——亦称麦格迪西、艾布·哈桑·金扎尼、艾布·艾哈迈德·麦赫来扎尼和奥菲等人。这些人组成了一个团体,和睦相处、真诚相待,他们以神圣、纯洁、忠告为共同宗旨,并为自己制定了一个准则,声称以此准则,他们可接近获得真主满意的途径。他们认为,教法已被愚昧践踏并与谬误合流,故只有用哲学才能使之净化、纯洁,因为哲学包含了信仰的智慧和理性的思维。他们就哲学在理论上和实践上的各种问题撰写了五十篇论文,称之为《精诚兄弟社论文集》。他们签上了自己的名字,将文集分发到各个书商送给人们。

萨姆萨姆大臣问:“你看到这些论文了吗?”艾布·哈彦回答

道:“我看到了其中的一部分。这些论文包罗各种学问,但论述得都不充分,只是些神话、隐语、奇谈怪论。我将一些论文拿给我们的老师艾布·苏莱曼·曼提吉看,他仔细阅读、研究了数日,然后还给我说:‘他们提出了问题,进行了研究,但没有找到正确的答案。他们自认为可以将哲学即星相学、天文学、数学、物理学、音乐和逻辑学塞进伊斯兰教法,可以将教法与哲学联系在一起,实际上这是行不通的。在他们之前,曾有一些比他们地位更高、名声更大、更精干、果敢、睿智、博学的人试图这样做,却未能如愿以偿,反而受到谩骂,落得不体面的下场。’”从上述这段话可以看到:

(一)精诚兄弟社的纲领是将哲学与宗教联系起来。艾布·苏莱曼对此是不满意的,因为他认为宗教有宗教的逻辑,哲学有哲学的逻辑。

(二)“一些比他们更有能力更富智慧的学者试图循此途径却未成功。”艾布·苏莱曼这里指的可能是穆阿台及勒派的卓越代表艾布·胡载里·阿拉夫、奈萨姆、查希兹等人。

(三)“他们像前人一样也失败了。”

在艾布·苏莱曼看来,宗教与哲学各有自己的原则而且双方的原则是相互抵触的。宗教的原则是与感情的对话,正如真主所言“难道他们不观察吗? 骆驼是怎样造成的,天是怎样升高的,山峦是怎样竖起的,大地是怎样展开的。”[①]而哲学的原则则依赖逻辑的前提和结论。哲学家认为,世界乃一大事件,诚如每一事件的发生必有动机。世界亦然,必有动机。这两大原则之间有着如

① 马坚译:《古兰经》,88:17—20。——译者

此悬殊的差别，而试图将二者调和在一起的正是精诚兄弟社。

这个团体的杰出代表为宰德·本·里法耳[①]，如前所述。有人向艾布·哈彦问及此人，他的评价是“智慧超群，聪颖过人，精通诗文、演算、修辞，熟知战事、轶闻，深谙理论与宗教，饱识各门学问。”有人向艾布·哈彦询问这位宰德·本·里法耳的派别倾向，他说：“他学识渊博，造诣精深，既能通俗浅显地明理，又具犀利尖刻的言辞，故不介入任何一个派别。他长年居住在巴士拉，在此结识了一批集各门学问、各种工艺于一身的有识之士。”这一番话表明了精诚兄弟社博览群书、深入钻研、不拘一格的特点。

*　　　　*　　　　*

有人认为艾布·阿拉·麦阿里、艾布·哈彦·陶希迪和伊本·拉万迪也是精诚兄弟社的成员。

艾布·阿拉来到巴格达后，发现有一个特别的哲学团体，每星期的礼拜五在萨布尔·本·艾尔迪西尔图书馆馆长阿卜杜·赛拉姆·巴士里家聚会。这是精诚兄弟社的制度，其追随者需每周聚会一次进行学习和讨论。很自然参加聚会者就是精诚兄弟社的成员，对此艾布·阿拉特意赋诗进行了描绘。

只是艾布·阿拉诗中提到的精诚兄弟和这些成员并不完全吻合，它指的是广义的朋友、兄弟。至于诗中所提到的集会我们倒可以认为是精诚兄弟社的一个分会的聚会。然而我们知道自从阿布·阿拉失意困潦、心情沮丧地回到巴格达后，便断绝了同外部世界和一切集会的联系。后来他在麦阿来的生活说明他过的是一种

---

① 《精诚兄弟社论文集》作者之一。久居巴士拉，公元 1010 年卒。——译者

清贫、孤独的生活，这种生活是不允许他成为某一团体的一员的。

艾布·哈彦·陶希迪被认为是这个团体的成员之一，是因为他知道该团体创建初期一些人的名字，并将他们公之于众。同时他像精诚兄弟社成员一样，也提倡友谊并为此著述。当然，他对精诚兄弟社论文集不是没有指责，如前所述，他曾批评这些文章不负责任地随意杜撰，他这样作是出于韬晦之计还是由于某种信仰，我们不得而知。至于伊本·拉万迪被认为是成员之一，则是由于他的无所顾忌和伪信行为。

* * *

这个秘密团体为自己制订了一个详细的纲领，他们派使者去各地动员那些在他们看来有出息、有前途的好人加入他们的团体。他们对青年格外重视，因为他们深知青年比老年人更易于接受宣传，而且青年是最有力的中坚力量和栋梁。

他们要求各地的信徒于规定的时间相聚在一起，共同学习、讨论各种知识和该团体的各种事务。他们说："我们受真主辅佑的弟兄们无论在任何地方都应有他们自己专门的聚会，在规定的时间内聚在一起，任何外人不得介入。集会时应学习他们的知识，探讨他们的秘密。学习的内容应主要是心理学以及有关感觉和可以感觉到的、领悟和可以领悟到的知识，他们应研究圣书与历代先知降示的秘密以及教法各项内容的涵义，他们还应共同学习科学和数学的四门学问，即代数、几何、天文和'音乐'。"[1]

精诚兄弟社的成员按智力水平和年龄被分为四个等级。第一

---

① 《精诚兄弟社论文集》第四部分，第 105 页。

级为满十五岁的青年，此时他们的智力已觉醒，且具有心地纯洁、接受力强、易于接近神秘主义的特点。第二级是兄弟社中年满三十岁的贤明优秀分子，其特点是：尊重弟兄，为人豪爽大方，富于同情怜悯之心。第三等级的人情操高尚，贤德慷慨，年过四十，行为规范已臻于成熟。第四等级是五十岁以上的人，这个等级的人完成了所有的心理训练，他们的灵魂达到了这样的境界：具有亲眼目击真理的能力，与天国保持联系，洞悉末日、复活、最后的审判以及与主为邻的真相。

精诚兄弟社对所派使者的告诫详细而周密，他们说："我们受真主辅佑的兄弟无论在何地，若想结识一个新的朋友或结交一个兄弟，应先调查他的情况，了解他的身世，考验他的品格，询问他的学派和信仰，以便确信此人是否值得以诚相待、友好相处、情如兄弟。应像检验迪尔汗和第纳尔的真伪、考察土地是否优良、宜于种植那样，像人们在婚配和购买家奴时百般挑剔那样对此人进行考察。"①

如何编辑这些论文，他们面前有两种方法，一种是由一人担任编辑，将由专家学者们收集到的不同的专门知识汇编成文。但这种方法的弊病是，如果编辑对所编的内容不熟悉、不精通，就不能胜任工作。正如一个并非天文学家的人怎么能写出关于星体的论文呢？第二种方法是，众人各写一篇或多篇有关自己所学专业的文章，共同担任编辑。我们认为精诚兄弟社很可能采用的是第二种方法。论据是他们的论文风格迥异，叙事多样。倘若著者为一

① 《精诚兄弟社论文集》第四部分，第214、236页。

个人，是不会出现这种状况的。

沙赫尔祖里在他的《灵魂之游》一书中说："精诚兄弟社论文集的用词都是麦格迪西式的。我们却认为这种说法不正确，因为假如这些论文出自一人之手，便不会有多种笔调，也不会反复出现雷同的情节。"

精诚兄弟社的论文以"象征"为基础。祈祷、天课、斋戒、朝觐、复活、世界末日、穆罕默德、阿里等，都是某些抽象事物的象征。

他们写这些论文是出于对务散在各地的社员进行教诲的需要。倘若社员是集中在一起的，便没必要写这些文章了。他们以上述方式撰写了五十一篇论文，论及数学、神学和伦理等。他们总是采用同情读者、与读者娓娓谈心的方式，亲切地称读者为"兄弟"或"尊贵的弟兄"，以便对读者进行宣传，引起他们阅读论文的兴趣。

他们往往在论文的结尾预告下一篇论文的题目，又在每篇论文的开端回顾上一篇论文的概要。

他们在最后一篇论文中提到，完成这些论文后，他们将写出第五十二篇论文，该论文将包括每篇论文的摘要，并解释论文中"象征"的含义。但实际上，在叙利亚出版了一篇题为"综合论文"的文章，并不属于论文集之列，而且论文被认为是出自安德鲁斯人麦只里提手笔。我手中有这篇论文的第一部分，没有第二部分。读毕第一部分，我明白了此论文并非麦只里提所作，而是精诚兄弟社的作品。他们在这篇论文中对以前写的论文作了概述并解释了那些象征的喻义。若能读完第二部分，事情真相会更加清楚。

*　　　　*　　　　*

写这些论文目的何在？出于政治原因？还是由于伊玛目什叶派或卡尔马特派的宗派原因？抑或有别的目的？学者们为此困惑不解。是的，在一些论文里出现了什叶派的痕迹，因而有人将此归之于著名的伊玛目加法尔·萨迪格。

伊玛目伊本·台伊米耶在论及伊斯玛仪内学派时阐述了他的法律性意见，他说："他们的言论是以哲学主张为基础的，这一点同精诚兄弟社论文集如出一辙。"我们从论文集中可以看到这种什叶派倾向的流露，如对先知族人的评价："尊为圣徒的使命只有先知家族才能担任，他们不须任何其他贤人、学者完成此项使命，他们的秘密是为世人所不知的。"①

他们在另一处说道："我的兄弟，你当明白，显出先知迹象并得以继承先知使命的家族，因其了解并显示了奇迹，故具有伟大的神奇特征。他们的敌人对此一无所知，无能为力，他们无法用任何方式降低先知家族的地位，只好说：'先知族人在施妖术，有精灵作他们的后盾。'

敌人妄图用这种言论达到他们诋毁先知族人之地位的目的，这是徒劳的。因为那是神祇的学问，是主的支持，由高尚的天使奉主之命将它降示于人间那个为主所选中、满意的人，使其成为统治者。"②

精诚兄弟社论文集的作者们还引证了这样一段具有什叶派倾向的言论："有人对真主的使者说，谁说'万物非主，唯有真主'谁就

① 《精诚兄弟社论文集》第四部分，第103页。

② 同上书，第105页。

进天堂，是吗？答曰：是的，谁真诚地说这句话谁就进天堂。问：何为真诚？答：了解其法度、行使其权利。问：何为了解法度、行使权利？答：这里是知识之都，我守着城门，欲知城内奥秘者请到城门来吧！将有人向其解释一切。"[1]

此类例子在论文集里甚多，读过原文的人都会明白他们是属于什叶派的。尤其是他们像什叶派那样将信徒分为若干等级，命令宣传者要友善对待被鼓动者，并要因人制宜地进行宣传，这些均与什叶派做法相同。

但是，我们在其他地方又看到他们否认"被期待的麦赫迪"的理论，尽管他们懂得这一理论是什叶派的基础之一。他们否认什叶派的基本理论，怎么会是什叶派呢？他们认为，相信自己的伊玛目由于害怕对手而隐遁起来的观点是荒谬的。他们说："持有这种观点的人一生都在期待、盼望他的伊玛目早日出现、显露、降临，直到他的生命枯竭，终未见到伊玛目，便悲伤而痛苦地死去。"[2]这证实他们并不是真正纯粹的什叶派。

支持这种说法的有《什叶派名人传》一书的作者赛义德·穆哈辛·阿米勒教授。尽管他竭诚致力于为什叶派立传，但在谈及精诚兄弟社时他说："无论如何，精诚兄弟社属于什叶派之说没有得到证实，他们不属于我们这部书的谈论对象，我们提及他们只因有些人将他们归于什叶派。"

综上所述，我们可得出这样的结论：精诚兄弟社是一个自由的

① 《精诚兄弟社论文集》第四部分，第 486 页。

② 同上书，第 58 页。

团体，其理论采撷自各个宗教、派别，只要他们认为符合他们的理性，便无论是基督教、犹太教、拜物教还是波斯教、印度教，一律加以借用。因此，无论说他们是地地道道的逊尼派，还是说他们是纯粹的什叶派，都是不正确的。但是，毫无疑问，他们是倾向什叶派的。

另外，他们有政治目的吗？给我的感觉是，他们暗示了阿拔斯王朝的衰败与瓦解。因为他们在一篇论文中说："任何一个国家都有它的开始、兴盛和衰落时期，若达到了鼎盛之极便会出现衰落，国民便会失望沮丧，而反对派则开始活跃、兴盛、强大、扩张其势力。这种情形无论对优秀民族的国家，还是对劣等民族的国家都是一样的。国势强盛，对世界产生影响的状况不仅会发生在优秀民族之国，亦有时出现在劣等民族之邦。也许目前我们看到的是劣等民族之邦正在兴旺，他们的力量正在壮大，作用正在增加。

盛极必衰。我的兄弟，你当明白，优秀民族的国家是由学者，哲人，情操高尚、出类拔萃的人开创基业的。他们意见相同，观点一致，信仰同一宗教，恪守同一誓言。他们处理任何事情都是同心协力、相互合作、统一行动，就像一个人一样。他们的目的是辅持宗教，追求来世。他们只仰慕真主，别无他求。你愿意与具有这些特点的人结为兄弟、伙伴吗？"①

他们曾有一次表达了这样的愿望："更换国家之王，改换朝廷之主。他们表示已选中一位条件具备者，但终未能遂愿。"②

---

① 《精诚兄弟社论文集》第一部分，第130页。

② 《精诚兄弟社论文集》第四部分，第337页。

我认为他们所指的是阿杜德·道莱·本·布韦希。因为当时他的国土辽阔、统治强盛，而且他具有多种优点：他是一个温和的什叶派人，不像埃及法蒂玛王朝统治者那样是极端的什叶派；他知识丰富，博学多才，精通语言、文学、天文，甚至与自己的老师艾布·阿里·法里西争论语法学术问题，并使之无言以对。他还花巨款建造了一座医院。总之，他身兼多种美德，自然深孚众望并为穆太奈比等诗人称颂。

然而，尽管他有这些优点，却仍不免有令精诚兄弟社不满之处，以至于他们最终也未把他当作理想的君主之典范。

由此我们可以看到：

（一）他们认为当时的国家已开始衰落，正在走向灭亡。这就是当时统治着巴格达及附近地区的阿拔斯王朝。

（二）他们期待着出现类似柏拉图所提倡的那样一个政府，即由民族的智者、哲人组成的政府，由他们来统治国家。

（三）看来，他们并不满意法蒂玛什叶派政权，他们认为法蒂玛王朝的某些信仰是腐朽的，例如隐遁的伊玛目之说。另外，有些法蒂玛王朝统治者同阿拔斯王朝统治者一样暴虐。

由此可见，他们想建立一个完全公正的国家：统治者是正直的学者、高尚的贤人，他们对己对人都实施正义，他们在任何场合都赞颂科学和知识。他们“观察世间万象，研究其根源、缘由、系统和等级，探索因果之间的联系”[①]，他们“对真主的崇拜并非仅限于作

① 《精诚兄弟社论文集》第一部分，第110页。

礼拜、行斋戒，而是将现世与来世结合在一起”，[①]“合法的崇拜不意味着崇拜本身，而是象征着终极目标”，[②]“仅靠崇拜和道德不能实现拯救，还要具备知识和文化素养”[③]。

精诚兄弟社成员在每个场合都极力强调追求科学与知识的重要。将科学与知识放在首位是他们的基本主张，因为他们推崇苏格拉底的学说，即美德就是知识。从知识中产生高尚的情操以及宗教的和世俗的优良品性等等。

不遗余力地传播广袤无垠的科学与知识，建立一个以杰出超群的学者为领袖的政府，把科学与知识用于个人与社会生活实际，这就是精诚兄弟社追求的终极目的。

为达此目的必须秘密地开展活动，像什叶派那样采取韬晦策略，谨慎从事，以免遭受迫害，直至力量壮大，手中掌握政权。

他们这样做不无道理。事实上，尽管他们活动隐秘并有所防备，仍然受到了非难。一些正统学者指责他们是精迪格派；他们的论文集在巴格达被焚烧。然而历史向我们证明，某种思想愈是遭受迫害，其生命力愈顽强。

现在，我们对他们在各门学科上的部分见解作一论述。他们试图将精诚兄弟社的主张与各教派的主张捏合在一起，不管是伊斯兰教还是基督教还是偶像崇拜。因此，他们的先知包括了诺亚、易卜拉欣、苏格拉底、柏拉图、琐罗亚斯德、耶稣、穆罕默德、阿里等人。他们认为哲学高于宗教。艾布·哈彦说，他曾执意向精诚兄

① 《精诚兄弟社论文集》第二部分，第106页。

② 同上书，第120页。

③ 同上书，第156页。

弟社一社员麦格迪斯发问，当后者感到难于作答时便说："教法是医治病人的，哲学则是医治健康的人。"[①]他想以此说明历代先知只是医治病人，使他们病势不再加重，直至病愈康复；而哲学家则是维护健康人的身体使之不染疾患。毫无疑问，保护健康胜过治疗疾病。换言之，教法只适于普通大众，而强健的灵魂则需以哲学的深思来滋养。

他们说："肉体的终极是死亡。"[②]所谓死亡，就是人的灵魂复回到纯洁的精神生活中去。而这仅适于那些以哲学的思索对待尘世生活的人。至于那些生活在虚妄和昏聩中的人则情同牲畜……他们这种观点显然是取自希腊人、犹太人、基督徒以及波斯人和印度人的思想。

他们将思维活动分成科学的和工艺的：科学是已知物在科学家心灵的体现；工艺则是人将自己头脑中的形象提取出来，体现在第一物质中。他们认为知识通过以下三种途径获得：

（一）通过五个感觉器官获得知识。这是最主要的途径，所有的知识皆由此产生，无一人例外。

（二）通过思维获得知识。这是人类区别于其他动物的标志。

（三）通过论证获得知识。这只是学者独具的特点，并非所有人的共性。[③]

他们认为灵魂在最初诞生之时一无所知，正如真主所言："真

---

① 《精诚兄弟社论文集》第四部分，第 46 页。

② 《精诚兄弟社论文集》第三部分，第 59 页。

③ 参看《精诚兄弟社论文集》第一部分，第 356 页；第二部分，第 334 页；第三部分，第 384 页。

主使你们从母腹出生，你们什么也不知道。”[①]灵魂只有以肉体作媒介才能认识事物。这种观点与柏拉图的观点相悖，柏拉图认为：“灵魂在降于肉体之前便认识了一切事物，它对尘世的认识只是它的回忆：灵魂在现世看到某一事物，就会忆起它在降于大地、与人体联结之前所处的高级世界中之所见。”伊本·西那也持此观点。

* * *

在精诚兄弟社成员看来，人们不应一次获得全部知识，而应循序分批获得，因为知识是有难易之分的。人们只有苦行禁欲、弃绝尘世、积德行善，其灵魂才可能上升到正确认识真主的境界。

他们认为求知者应从语言、文字和文学等学科开始学起，因为这是最简单的；然后再上升到学习宗教知识和教义学的各种主张。精通上述知识之后，才能从数学开始，着手研究哲学。精诚兄弟社成员对待数学，有时采用印度人的方法，有时又采用毕达哥拉斯派的做法，并且极端重视对符号的研究，将一些数字神圣化。例如“七”。正因如此，字母表上才有二十八个字母，正好是四乘七的乘积。

在天文学方面，他们同古希腊人的观点一样，认为星体是理性的发光的实体，它的智力胜过了人类。天空的星体对于地面的世界产生强烈的影响，这些星体有的主吉：如木星、金星和太阳；有的主凶：如土星、火星和月亮；水星则既主吉又主凶。人的寿命长短受这些星宿的影响。诸如此类的中世纪观念，直至今日仍引起人们无休止的争论。

---

① 马坚译：《古兰经》，16：78。——译者

在逻辑方面，他们几乎原封照搬《亚里士多德〈范畴篇〉之导论》的作者波菲利的主张，很少有自己的见解。他们在波菲利制定的五个名词“类、种、差别、特性、偶性”之外，增加了第六个名词，曰“个体”。他们说：“类、种、个体是表示本体的，而差别、特性、偶性则是表示概念的。”在逻辑学上，他们搬出了十大范畴，第一个是实体，其余九个表示其偶性。他们认为逻辑的方法有分析、界说、论证。分析法是初学者的方法，因为分析使人认清各种局部的感性事物，而界说和论证则是认识理性事物的。他们说世界万物或为物质或为形态，物质是同一的，万物的差异只是形态之不同而已。这种言论类似近代科学家的“物质的原子是同一的”之说。也就是说电有阴电阳电，二者的差异仅仅是量的差异而非质的差异。铜原子如同铁原子，如同金原子。如果我们在铜原子中加上一定数量的金原子，铜就变成了金子。因此，精诚兄弟社成员认为，可以将金属转化为金子，他们称之为“化学”。

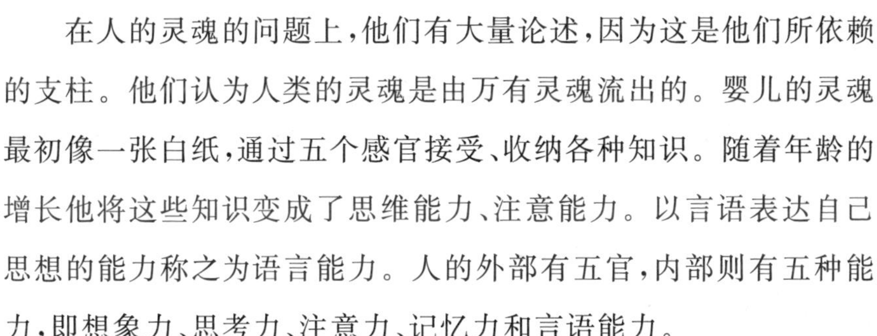

在人的灵魂的问题上，他们有大量论述，因为这是他们所依赖的支柱。他们认为人类的灵魂是由万有灵魂流出的。婴儿的灵魂最初像一张白纸，通过五个感官接受、收纳各种知识。随着年龄的增长他将这些知识变成了思维能力、注意能力。以言语表达自己思想的能力称之为语言能力。人的外部有五官，内部则有五种能力，即想象力、思考力、注意力、记忆力和言语能力。

他们强调自己是虔诚的宗教信徒，但他们的目的却是对宗教进行哲学分析，获得各种知识。他们说：“总之，凡我弟兄——愿真主辅佑他们——不可仇视任何学问或鄙弃任何书籍，或对任何学派持有偏见。因为我们的主义和原则是包罗一切学派和学问的。”[①]

因此，可以把精诚兄弟社成员当作穆斯林，只不过他们是宽容的穆斯林：可以借鉴犹太教、基督教、拜物教中某些东西，就像他们也从逊尼派和什叶派中汲取某些观点一样。人愈有能力将知识和哲学、宗教融合在一起，就愈崇高。如果灵魂达到了最高境界，便可与接近真主的天使交游，它的品级便高于大众所因袭的宗教，高于感性和表象的形态。他们认为，《古兰经》中描绘的感性的景象，如天堂里的恩泽：有白皙的、美目的妻子，有蜜河，蜜质纯正，人们倚软椅而卧，以及火狱的惩罚，烧焦一层皮后，另换上一层再烧，等等，都是有象征意义的。他们认为，有一种超过一切宗教的理性宗教，相信真主震怒，相信火狱惩罚恶人，都是理性所不能接受的。无知的灵魂接受的是现世的地狱，理智的灵魂接受的是现世的天园。复活，就是灵魂离开肉体，末日的复活则是万物的灵魂离开世界而归回真主。[②]

在伦理方面，他们认为出于理性的观念而倡导精神陶冶和禁欲苦行便是美德。他们像苏菲派一样，认为“爱”是最高的美德，如果达到了爱的终极，便与被爱者真主化为一体。

这种爱体现为坚忍和博爱，这种爱安抚灵魂、解放心灵，使人泛爱现世生活之一切。

他们像亚里士多德那样，主张折中的观点，即任何一种美德都

① 《精诚兄弟社论文集》第四部分，第105页。

② 同上书，第160页。

介乎两种恶行之间。勇敢介于胆怯和鲁莽之间；节俭介于吝啬与奢侈之间；正义介于压迫与受辱之间。

他们贬低人类身体的价值，认为人实际上就是灵魂，身体只不过是显露在外的衣服。他们认为，理想中最完美的人是“波斯人的血统、阿拉伯人的宗教、伊拉克人的文化、希伯来人的诡谲、基督徒的品行、叙利亚僧侣的虔诚、希腊人的科学、印度人的见识、苏菲派的生活方式、天使的情操、真主与神祇的主见和知识”①。

他们认为，自然和社会环境影响着人类，人类的语言、肤色、道德、形态的差异均受环境的影响。这里所说的环境也包括天体，尤其是太阳，对不同的国度产生不同的影响。正因如此，有些地区，如东四时区中部，是诞生先知和圣人的地区，因它地处东三时区与东四时区的中段。而其他时区的人则缺乏至善的秉性。

他们对妇女抱有偏见，认为妇女只有两个职能：生儿育女、成为不能清廉克己者之妻。总之，妇女的职能就是顺从丈夫、安分守己、保持贞操，女人不宜研究学问、不宜思考宗教之事。他们说：“我的弟兄，你当明白，这种主张和意见只对妇女、少年、愚者和大众有益，谁不观察科学的真相便不会了解。”②他们在另一处又说：“这种意见不适宜智者更不要说圣人了。它只适宜女人、儿童和愚者。”我们在艾布·阿拉·麦阿里的《鲁祖米雅特》诗中见到他主张妇女应闭门不出，妇女不得接受文化教育。他攻击妇女堕落、浅薄，轻信胡言与传说。这反映了诗人的前期生活，当时，他很可能

① 《精诚兄弟社论文集》第二部分，第 316 页。

② 《精诚兄弟社论文集》第三部分，第 293 页。

信奉精诚兄弟社的教训。

精诚兄弟社最出色的一篇论文是《动物与人》。他们仿效《卡里莱和笛木乃》，采用象征式的写作手法，抨击、揭露了人类形形色色的丑恶与黑暗。这篇论文的大意是：在精灵的法院开设了一个法庭，对被指控为暴虐无道的人类进行审判。人类最初由于害怕野兽的侵袭，居住在山顶上和洞穴中，他们食野果、野菜以充饥，用树叶遮身以御寒暑。后来，人类文明进化了，他们建造起了城市、村镇、宫殿，接着便开始驱使，如役牛、羊、驼、马、驴、骡等牲畜，给它们套上了枷锁，强迫它们供人类骑乘，为人类载负重物，使它们劳累过度，疲惫不堪。这些动物本来是自由的，在高山、丛林、田野尽情驰骋、觅食、饮水、嬉戏，无拘无束。是人类给它们戴上了羁绊，限制了它们的自由。

阿丹(亚当)的后裔认为动物本是人类的奴隶，它们背叛了主人，忤逆了主人的意志而出逃，因而人类便运用各种手段、圈套来捕猎动物。

天使派一名叫哲人比拉希斯特的国王管理穆斯林。一天，大风暴将海上一艘船吹到了这个国王所在岛屿的岸边。船上有商人、工匠和一些富豪，他们来到了这座岛屿，对岛上的水果、蔬菜、鲜花赞叹不已，并与岛上的牲畜、飞鸟、动物、野兽、昆虫结为朋友，友好相处，十分和睦。

人们在岛上生活得非常快活。他们开始利用岛上的各种动物：驱赶它们供人骑乘、为人驮负重物，等等。动物由此产生反感便逃离了人群。于是人们开始四处捕捉动物，他们认定动物是人类的奴仆，它们违背了人的旨意。人类企图奴役动物的欲望被动物发觉了，于是它们集结了动物的领袖和演说家找精灵的国王去告状，向国王诉说人类对它们的虐待。于是审判开始了，每一类动物的领袖都控告人类的暴虐与残忍。人类为自己所作的辩护是：真主允许他们这样做。真主说，主为你们"创造了牲畜，你们可以其毛和皮御寒，可以其乳和肉充饥，还有许多益处"[①]。又说"他创造马、骡、驴，以供你们骑乘，以作你们的装饰"[②]。还说"以便你们端坐在上面。然后，在端坐的时候，想着你们主的恩典"[③]。骡子的领袖说："国王陛下，此人所引之言不能证明他们是主人，我们是奴隶，只是表明真主对他们施恩惠的迹象而已。真主所言'驱使动物'同真主所说过的'驱使太阳、月亮、云、风'的含义是一样的。"蛇代表爬虫类起来发言了，它说，它们大多数是聋子、哑巴、瞎子，没有双手、双脚，没有翅膀、喙、爪，它们的身体没有羽，没有绒，没有毛，它们大多数是赤身裸体的，是贫穷、柔弱、可怜的，既不会使用计谋，又没有力量。然而就是这样，人类还是一见到它们就起杀戮之心，无论它们在何处，人类都对它们发起袭击。说到此，蛇的心碎了，哀伤之极，潸然泪下……就这样，论文的作者使每一种动物领袖都开口发言控诉人类的残酷与暴虐。

出席法庭审判的是由各种动物组成的代表团，可以理解成每一种动物领袖代表每一个民族在发言。精灵开始对各民族领袖的发言进行评判，列数其功过、荣辱。整个法庭审判过程贯穿了许多有趣的哲理和有关动物秉性的故事。

① 马坚译：《古兰经》，16：5。——译者

② 同上书，16：8。——译者

③ 同上书，43：13。——译者

遗憾的是，这个法庭没有作出任何裁决，只有一些无结论的谈判，无目标的控诉……这篇文章值得一读，因为它蕴含着给人以思考和艺术的享受的魅力。[①]

尽管精诚兄弟社中有些人出自纯粹的波斯血统，但他们的全部论文却都是用阿拉伯文写成的，正如波斯籍的伊本·西那、突厥血统的法拉比、塔伯里斯坦的阿里·本·赖白、德黑兰附近的雷伊人穆罕默德·本·扎克里亚·拉齐都用阿拉伯文写作一样。其原因在于阿拉伯语犹如拉丁语之于现代欧洲语言一样，已成为科学、哲学的语言，因为阿拉伯语的词形变化丰富，派生词规律灵活，最能表达各种专有术语。对此，比鲁尼在其著作中已有论述。

*　　　*　　　*

在巴格达，除精诚兄弟社之外，还有另外一个团体，该团体以大师艾布·苏莱曼·曼提吉为首。他们没有像精诚兄弟社那样的纲领，他们不是宣讲、布道者，他们没有野心和抱负，也没有著述论文或书籍。对于他们来说，最重要的是聚集在他们的领袖家里，获得理性的享受。在领袖的家中聚集了许多智者和哲人，他们当中有穆斯林、有多神教教徒、有基督教徒和犹太人，如伊本·宰里阿、伊本·罕马尔、伊本·赛木哈、古麦西、米斯凯韦、叶海亚·本·阿迪、尔萨·本·阿迪、艾布·哈彦·陶希迪等。

艾布·苏莱曼·曼提吉是他们的领袖和召集人。他们在聚会时提出各种有关政治、社会、语言、宗教的问题，大家各抒己见，最后由艾布·苏莱曼作结论。

① 参看《精诚兄弟社论文集》第二部分，第206页。

艾布·哈彦在他的《求知录》一书中记录了一些聚会的实况。他是这样形容这位领袖的："艾布·苏莱曼在众人中观察最细腻、研究最透彻、思维最清晰、成就最显著、知识最渊博，但他的语言表达不够流畅，时有口吃现象，因为他不是道地的阿拉伯人。他很少看书，主要依靠大脑的思索。他善解疑难并敢于解释符号象征，他吝惜自己所拥有的这些知识财富。"这是艾布·哈彦·陶希迪对艾布·苏莱曼其人所作的详细的描绘，即艾布·苏莱曼长于思索、拙于表达，他自信、重理性、很少相信别人的意见或引用他人的著作，他吝惜自己的学识，仅在必要时向有关人士表露。也许正因为他吝惜自己的学问才著作甚少。他独目且患有麻风病，身体畸形，出于这些原因，他一直蛰居在家中。

艾布·苏莱曼家境贫寒，阿杜德·道莱不时接济他一些钱财以糊口度日。在他家的聚会上，人们曾就天启和理性的问题展开过争论，艾布·苏莱曼说："宗教的基础是，主欲通过使者接近他所创造的人类，便将宗教的教训降示于使者。因主深知人类理性之匮乏、范围之狭小，理性能够领悟物质及其规律，但却不能悟及物质后面那幽冥世界，而这正是众先知所担负的使命。"

在艾布·苏莱曼时代，关于这个问题有四种观点。一种是宰德·本·里法阿、穆罕默德·本·艾布·白克尔·拉齐和精诚兄弟社等人主张的理性控制宗教论；另一种认为宗教控制理性与哲学，他们将哲学观点与宗教进行对照，符合宗教的便接受，反之便排斥，持这种观点的是那些大教义学家；第三种人信奉哲学，但也不反对信奉宗教，于是便竭力将宗教按哲学模式加以矫饰，如铿迪和法拉比；第四种是将哲学与宗教截然分开，认为二者各有自己的逻辑和范畴。艾布·苏莱曼·曼提吉正是持第四种观点的，他说宗教的纲领与哲学的纲领是相悖的等等。在聚会上，人们还常常提出灵魂问题，对灵魂进行研究，指出人是由肉体和灵魂两大不同的元素构成的。肉体有三围，而灵魂则没有，灵魂是一个不可分割的朴素的核心体，不为人之五个感官所感觉，不知疲倦与劳累。灵魂不同于肉体，它可在同一时间内接受同一事物的各种形态。人类渴望了解灵魂，然而灵魂却只能为灵魂所了解。

艾布·哈彦说，艾希·苏莱曼一提及灵魂问题便侃侃而谈，滔滔不绝，并阐发一些惊世骇俗之见解。他对灵魂知之甚多，故谈及伦理道德时，他可以对伦理的定义、内容作出自己的结论。有时他也谈论政治，例如，有一次，伊本·赛阿德向他诉说布韦希人大臣抱怨平民百姓议政过多，总是试图干预王公大臣们制定各项政策，艾布·苏莱曼听后作了十分有趣的答复。又如，有人向他讲述波斯国王继位后沉湎于酒色，他的大臣便上书劝谏，指出“陛下耽于享乐，于民有害。望陛下以社稷为重，节嗜制欲”。波斯王在这纸谏文上批道：“吾等秉政公道，国泰民安，何须禁忌及时行乐？”艾布·苏莱曼听后评论说：“波斯王犯了几个错误。第一，耽于享乐是为过，过应受责；第二，波斯王不懂得，国泰民安的盛世若不辅之以有效的保卫、足够的关心、高度的重视以维护统治之长久，就会出现问题；第三，时间贵于一切吃喝玩乐，完善心灵、悟性以获得智慧需几倍的寿命尚嫌不够，遑论一个人那么短暂的生命！第四，黎民百姓若知道国君沉湎于酒色，纵欲享乐，便会纷纷效尤，变得少廉寡耻，而这正是导致动乱的原因，动乱便不可避免招致死亡。对于君主，民间从来不乏虎视眈眈、觊觎其王位伺机推翻者。”艾布·

哈彦说，艾布·苏莱曼论起政治总是语惊四座，故被听众邀请为他们著书立说。我们在《求知录》一书中可以看到他将阿杜德·道莱的品格剖析得淋漓尽致，足见他的学识和勇气。艾布·哈彦还说："艾布·苏莱曼的朋友常带着苏菲派或希腊人的言论著作去找他，听取、记录他的高超见地。艾布·苏莱曼还十分喜爱聆听歌曲，春天他有时和一些朋友带着一名歌手——或男或女——外出到园林中去消遣。"

总而言之，艾布·苏莱曼是一位杰出的人物，在他那个时代，对周围环境产生了重大影响。学者们不分昼夜前往他家拜师求学。艾布·哈彦为他读亚里士多德的著作《论灵魂》，另外一些学者则向他请教自己不懂的难题。在我看来，艾布·苏莱曼的才能不亚于伊本·西那、法拉比和伊本·鲁世德等人。艾布·苏莱曼有一个不同于这些人的特点，即他主要依靠自己的思索而不是因袭别人的东西。但他缺少两种东西：(1)使他名垂青史的大量著作；(2)奠定基础、创立总体的阐明其学派主张的观点。也许是他的艰辛与贫困妨碍了他的著述能力，他没能为自己的作品找到销路，只得将它毁掉。

阿杜德·道莱接济他一百个第纳尔，然而他的食住开支以及缴纳几个月拖欠的房租，远非一百个第纳尔所能解决问题。艾布·哈彦出于对他的同情，在伊本·赛阿丹面前为他作担保人，而伊本·赛阿丹却许诺后又食言。

与我们当今情形一样，有些人没有著书立说的才华，却能以他们雄辩的口才教人受益；而另一些人则以他们精湛的著作培育着下一代，艾布·苏莱曼属于前一种人。

麦德库尔教授说："学者们在评价伊斯兰历四世纪时，将这一世纪看作是伊斯兰思想研究史上的黄金时代。教义学经历了《古兰经》是否被造之作的辩论后，由艾什尔里正式奠定了基础，确立了其体系；苏菲派神秘主义发展到了顶峰，由修身、苦行转为解释灵魂的状态以及认识者的等级，并提出哈拉智倡导的'神性与人性统一'的观点；伊斯兰哲学的基础与原则经过法拉比在深度、界限方面的补充、协调已臻于完善；医学达到了它的巅峰，并没有停留在希波克拉底[①]和盖伦[②]的著述上，拉齐以自己的亲身试验及独立的研究丰富了医学；天文学和数学亦都有长足的发展，比鲁尼的著作充分证实了这一点。"

一言以蔽之，穆斯林在伊斯兰历二、三两个世纪里还只是一味地吸收、照搬外国各门科学，而到了伊斯兰历四世纪，他们却已开始自己动手研究自己的科学了。他们从收集整理阶段过渡到了个人创作的阶段。他们的翻译包含希腊、波斯、印度等各种不同文化在哲学、科学方面的重要遗产。仅以哲学为例，我们可以看到除了苏格拉底对一些前辈哲学家零星分散的论述外，阿拉伯人还翻译了柏拉图《对话集》中的主要篇章，有《理想国》、《法律篇》、《蒂迈乌斯篇》、《智者篇》、《普罗泰戈拉篇》、《斐多篇》以及《苏格拉底的申辩》等。他们对亚里士多德格外重视，搜集他的著作，精心组织、翻译了他的大量著作，其中掺杂了一些并不属于亚里士多德的伪作。

---

① 希波克拉底(约公元前460—前377年)：古希腊医师，西方医学奠基人。——译者

② 此处按阿拉伯文音译，一般译为索拉努斯(公元138—201年)，生于小亚细亚的希腊医师，他写过《希波克拉底传》。——译者

当时,对于阿拉伯人来说,要想正确的理解"第一导师",必须借助于逍遥学派的注释家,如泰奥弗拉斯多和亚弗罗狄西亚的亚历山大。他俩的大部分注释被译成了阿拉伯文,尤其是后者,他对伊斯兰哲学某些观点的形成产生了明显的影响。伊本·西那当时十分崇拜他的观点,将他誉为"后来者的贤人"。除了亚历山大,我们还应提到一批亚历山大学派的注释家,尤其是波菲利、撒米庇阿斯、撒米利庇尤斯和叶海亚·奈哈维,他们的许多注释被译成了阿拉伯文。他们对伊斯兰世界所产生的深刻影响有时甚至超过了逍遥学派的注释者。

这些著作与注释被译成阿拉伯文后,在伊斯兰思想家之间流传开来,到了伊斯兰历四世纪/公元十世纪,这些翻译著作广为流传,而且围绕这些译著出现了很多的争辩和评论。

在这里我要补充说明,伊斯兰历四世纪人们对宗教与语言的重视甚于对数学和哲学的重视。其原因有二:首先,研究宗教学问的动力是宗教,它比研究哲学的动力强大,而语言首先是为宗教服务的,同时也是他们祖先的遗产,是环境的产物,因而人们亦重视语言这门学问;其次,具备哲学头脑和素质,有耐心读懂深奥晦涩的哲学语言、思索哲学内容的人,要比每个民族研究语言和宗教的学者少,因为哲学只适合少数专家从事研究。

*　　　　*　　　　*

我们不禁要问:伊斯兰哲学究竟是本来自成体系的哲学还是希腊哲学的翻版?东方学者对此各持己见,争执不休。有些人主张后一种说法,如哲学家提曼认为:"正是亚里士多德和他的注释家们吸引了阿拉伯人的注意力。阿拉伯人学习了亚里士多德的全部著作，只是他们学习的译著是严重残缺不全的，而且他们是通过骗人的新柏拉图学派来接受亚里士多德的。阿拉伯人在他们哲学进步的道路上遇到了重重障碍：

（一）他们有圣书。而圣书是阻碍以自由的观点看待事物的。

（二）逊尼派的存在。这是一个强大的、坚持经典原文的教派。

（三）他们轻易地就使自己的头脑被亚里士多德的理论彻底征服。

（四）他们的民族特性决定他们易于受虚幻空想的影响。

因此，他们最多只能对亚里士多德的学说加以解释并按照他们的宗教原则——提倡盲目信仰的原则——加以运用，超不出这个范围。他们常常淡化并歪曲亚里士多德的主张……由于对阿拉伯哲学遗产的研究十分欠缺，故我们无法对这个问题有一个全面的认识。"

与上述观点不同，有的东方学者如迪布尔认为伊斯兰哲学是自成体系的，尽管它从希腊人或希腊哲学中借鉴了某些东西。勒南则认为哲学只适于亚利安人的思维而不适于闪族人。

所有这些看法都是错误的，《古兰经》并没有限制穆斯林思考的自由。而且，勒南的所谓亚利安人和闪族人的区别也没有科学的论据。

如果说伊斯兰哲学或多或少地——人们对此莫衷一是——接受了希腊哲学的影响，那么另外两个领域，伊斯兰教法原理和教义学则非常明显地体现出了穆斯林的传统根基。教法原理包括语言的原始意义和教义学的论证以及立法的哲学性等。沙斐仪奠定了这一学科的基础并为此写了一本书，名为《使命》。他在书中论述了《古兰经》的宗教地位，即《古兰经》是阐明一切宗教事理的。他还阐释了《古兰经》明理的五个等级以及如何实践这五个等级，并说明圣训是专门解释《古兰经》的。接着，他又设立了另一个专题，名为《圣训中的缺陷》。他说，对圣训有各种不同的传述，有些属于后人改换原有的内容，有些是由于讹传造成的，他分析了讹传出现的原因。在这本书中，他还谈到了圣训内容被废除、被替换、禁戒及其种类等问题。

后来的教法学家为教法原理这门学问拓展、增加了许多前所未有的内容，由此形成了纯粹的精辟的伊斯兰哲学原理。而教义学则充满了神学内容。

诚然，伊斯兰哲学的有些原则取自希腊哲学，但是它使这些外来的东西与伊斯兰发生了融合，并得到了大量补充，因此它几乎可以被认为是纯粹的自成体系的哲学。

是的，教法原理和教义学没有包括数学和自然科学，这些科学应从本质上而不是细节上归于希腊哲学。

无论人们对于伊斯兰哲学中的纯粹阿拉伯成分、阿拉伯人对于希腊哲学的创新程度如何评论不一，意见纷纭，没有人否认阿拉伯人哲理的纯正根基。阿拉伯人自蒙昧时期起就有了属于他们自己的哲理、格言。哲理与哲学之间的区别在于，哲理是一种人们日常生活的经验总结，集中体现在一、二句格言里，它最适合当时阿拉伯人的审美情趣。因为阿拉伯人喜爱精炼，喜爱将丰富的经验浓缩成短小精悍、言简意赅的精炼语言。我们发现欧洲人的长篇小说用几百页篇幅说清楚的事，阿拉伯人只用一句精炼的富有哲理的警句便可以概括。

我读过肖伯纳的一部长篇小说，内容是一伙拦路抢劫犯拦劫了一辆汽车，拦劫者问："你们是什么人？"车上的人回答："我们专偷穷人的东西。"拦劫者说："我们专偷富人的东西。"我又读过一个阿拔斯人写的故事，他看到一个法官在砍断一个小偷的手后便说了一句"秘密行窃者在惩罚公开的小偷"。

阿拉伯人很早就知道了鲁格曼的机敏睿智，《古兰经》里专门提到了他。蒙昧时期，以善谈哲理而闻名的有艾克萨姆·本·萨伊菲、祖海尔·本·艾比·赛尔玛。伊斯兰时期，先知穆罕默德也有不少哲理格言，如"上手胜于下手"[①]、"诚实的商人不会贫困"、"为他人的睡眠而熬夜者有如得到最好的财富"、"有信仰的理智清醒者应善于应酬他人"。在此时期，著名的哲理家还有艾哈奈夫·本·盖斯和哈桑·巴士里，他俩均有许多喻世名言。

外国文化传入阿拉伯时，阿拉伯人也从中吸取了不少哲理格言。他们对格言的重视和喜爱程度超过了哲学，因为前者更接近他们的思维，更类似他们熟悉的谚语，如我们在《永恒的智慧》一书中所见，这本书早就由哈桑·本·赛哈勒和艾布·阿里·米斯凯韦译成了阿拉伯文，最近以《警世箴言》之名出版发行了。在这之后著名的哲理书籍当属阿卜杜拉·本·穆加发的《大礼仪》、《小礼仪》以及《稀世珍珠》。

后来查希兹的一些著作也以阐示哲理见长。例如他说："警惕上恶人的当！他麻痹你的意志，以懒惰、懈怠冒充信赖真主；以无所作为冒充相信天定。而真主告诫我们，只有无能为力时方可求

① 意即"赠与的手胜过索取的手"。——译者

助于真主。”同样，法拉比亦以擅长哲理名言而著称，他的许多嘱训阐述了他深奥的哲学思想。如，他说：“任何一人倘若观察一下自己和周围的人，审视自己和他人的情形，便会发现：有些人与他同处一个地位；另外一些人处在高于他的地位；还有一些人地位比他低下。因为即使最伟大的君王，当发现自己在某一方面令世人无与伦比时，若进一步观察，也会发现有人具有超过自己的某种长处，这是因为人无完人，金无足赤。地位卑贱者亦然，也会发现有人以某种弱点比自己更低下。”他还说，“每个人都有两种力量，一种是理智的，另一种是兽性的。这两种力量都有意志和选择。人就像居于二者中间，任凭双方争夺，二者各有胜负。”

《永恒的智慧》一书里，有关法拉比格言的记载近二十页。艾布·苏莱曼·曼提吉学派也有著名的哲理格言，艾布·哈彦在他的《求知录》一书中以及许多自述的书籍中对此有所记述。《永恒的智慧》一书中还有近二十五页是记述艾布·哈桑·阿米里的哲理格言的。阿米里全名为艾布·哈桑·穆罕默德·本·优素福·阿米里，是一个著名哲学家，艾布·哈彦在他的著作中多次谈到此人，并引证他的话说“向真主寻求智慧吧！追求世俗须始于敬畏真主，认识现世当首先认识真主——最高尚的知识可教会你分辨灭亡与永生——不善于控制和利用自己的头脑便会事与愿违——完美不在于获得恩惠而在于提供更多的恩惠——无知而廉洁胜过满腹经纶却道德败坏——一个人只有摒弃视金钱显贵高于敬畏真主的俗念才能得到真正的幸福”，等等。

我们所说的这种哲理格言伴随着时代一直在发展，其成就已超过伊斯兰历四世纪。每个时代都为这一财富增添新的内容：一

些诗人如穆太奈比、艾布·菲拉斯为此做出了贡献，甚至连一般大众也能以他们通俗的谚语和寓言故事进行格言创作。因此我们可以这样认为：伊斯兰历四世纪后，各种学问都停滞不前了，唯独哲理格言这门学问例外。

本章主要参考书目

迪布尔：《伊斯兰宗教史》，艾布·里达译
米特兹：《伊斯兰百科全书——法拉比生平》
《精诚兄弟社论文集》
《什叶派名人传》
穆斯塔法·阿卜杜·拉齐格：《哲学绪论》
《永恒的智慧》

第六章　伦理道德

伊斯兰初期，伦理道德是以宗教为基础的。坚忍是一种美德，因为真主说“真主确是与坚忍者同在的”[①]。“你们当坚忍，当奋斗。”[②]正直是必需的，因为真主有言：“你们绝不要因为怨恨一伙人而不公道，你们当公道，公道是最近于敬畏（真主）的。”[③]除此之外，还有阿拉伯人长期生活经验积累的格言和谚语。

波斯人皈依了伊斯兰教之后，带来了大量涉及生活各个方面的格言、谚语，他们将它译成了阿拉伯文。伊本·穆加发堪称这一领域的佼佼者，他翻译了波斯人的格言警句、谚语故事以及旨在进行伦理说教的象征性的故事，如《卡里莱和笛木乃》。他的阿拉伯文译作充满了诙谐、幽默的语句，显示了他睿智的思维和成熟的阅历。其内容有关于个人伦理修养的格言，有关于社会伦理道德的格言，有关于政治、王位、朝廷及与之有关的格言，如《伴随书》。这里的伴随指陪伴国王、哈里发或整个宫廷。

此后，希腊人的书籍被译成了阿拉伯文，在穆斯林中广为流传。这些书里有关于伦理学的书籍，如亚里士多德的《伦理学》等。

---

① 马坚译：《古兰经》，2:153。——译者

② 马坚译：《古兰经》，3:200。——译者

③ 马坚译：《古兰经》，5:8。——译者

穆斯林消化了这些东西并试图在消化之后借鉴之或效法之并对伦理进行哲学的思索。他们中有些人对待伦理学的态度一如某些哲学家对待哲学的态度：将伦理学与伊斯兰教对照，不符合伊斯兰教的，他们就摒弃；伊斯兰教允许的，他们才接受。他们把伦理学与宗教糅在了一起。

伊斯兰历四世纪最著名的伦理学著作家大概要算伊本·米斯凯韦、穆罕默德·本·艾布·白克尔·拉齐和精诚兄弟社了。伊本·米斯凯韦，或米斯凯韦——正如大多数人称呼的那样——全名为艾哈迈德·本·穆罕默德·本·叶尔孤卜，本是波斯袄教徒。他具有波斯血统又受过希腊文化的教育，因而深入地钻研了波斯伦理学和希腊伦理学。年轻时，曾陪伴过穆海莱比大臣，从而得以了解贵族、文人及人民大众各个阶层的生活。后来，他又为阿杜德·道莱效劳，为他管理图书馆，掌管机要秘密并成为国王派往各地的王公大臣的使者。他重视希腊哲学中关于伦理道德的实践，轻视神学。因此，艾布·哈彦在《慰藉与温馨》一书中这样形容他："一个富人中的穷人，能言善辩者中的拙于辞令者。"艾布·哈彦说："我曾向他提供了《导论》及亚里士多德范畴论的最好解释文本，他却无暇拜读，因他当时正忙于钻研化学，对艾布·宰克里亚和加比尔·本·哈彦的书着了迷。"有人指责米斯凯韦在雷伊时曾与学富五车的大学者、哲人艾布·哈桑·阿米里朝夕相处却未曾从中受益。伊本·西那在一些书中提到，米斯凯韦曾向他解释过某个哲学问题，但当他向米斯凯韦重提这个问题时，他却又不甚了了。有一次，他塞给米斯凯韦一个核桃对他说："量量它的面积吧！"米斯凯韦便扔给他几张纸说："用这来修炼你的德行吧！"由此

可见米斯凯韦最重视的是伦理学而不是神学。人们对他的指责是不公道的。

米斯凯韦才华横溢。在伦理学方面他著述甚丰，著有《陶冶情操》、《微小的胜利》、《永恒的智慧》等。还有其他许多著作，也全是关于伦理道德的。

米斯凯韦伦理学的来源是：(1)希腊哲学；(2)《古兰经》与圣训；(3)波斯人的教训与哲理；(4)他本人的阅历。他年轻时逍遥自在，追求享受，后来成为纵欲享乐、挥霍无度的大臣穆海莱比的朋友和清客，接着又作了阿杜德·道莱的近侍。他从事化学研究时，接触了同行中有真才实学的学者及徒有虚名的伪君子；他长命高寿，活了近一百岁，这构成了他的一种奇特的秉性，并由此产生了大量有关伦理学的著作。

米斯凯韦还涉猎了铿迪和法拉比的哲学，以哲学来论证具有哲理性的伦理。他重视心理学，对此进行了大量的阅读和分析。他的伦理学就是建立在对心理学的了解的基础之上的。他熟悉柏拉图、亚里士多德及盖伦对伦理所持的见解，他承袭了亚里士多德的“中庸”观点，这一点我们在谈及精诚兄弟社时已有所提及。

他以论述心灵的实质为开端，认为心灵是一种不为任何感官所感觉的朴素的本质，是通过本体认识本体的存在的。它既可以认识事物又可以有实践行为。它不是有形的实体，因为它可接受相互对立的事物的形态，它同时接受白与黑的概念，勇敢和怯懦的概念。而有形的实体则只可在同一时间内接受一种概念，或黑或白。心灵的本性决定它向往知识，它甚至可以辨别感官判断的对错，它是一个集思维、思维者及被思维者于一体的统一体。米斯凯韦给“善行”下的定义是：有意志者用以达到他生存目的之媒介。人们对于伦理道德的承受能力各不相同：有些人——为数极少——天性善良，他们无论如何不会接受邪恶。有些人天生性恶——这样的人为数众多——他们绝不会积善行德。还有一些人既非前者也非后者，经过教化之后，他们既可成为行善者也可成为从恶人。米斯凯韦持有苏菲派的观点，他认为：真主正是绝对的善。一切善良的人都追求善良。真主将善良与幸福区别开来：善良是一切人所追求的；而“幸福”则是个别人的利益。人的各种本能的需要得到实现，他便是幸福的。

米斯凯韦认为功德的基础是人对一切人的博爱。没有这种爱，人群便不能存在。人类只有通过与同胞的合作才能实现完美。

这种爱只有在某个群体、某个城市中才能有所体现。倘若一个人离群索居，独身修行，我们便无从判断他行为的善恶。在这方面，米斯凯韦同精诚兄弟社的言论是一致的。他详尽地分析了这种爱，将其分成友谊、友爱和情爱，并阐明了其原因、等级和持续的时间。爱有多种，最崇高的是人对造物主的爱；其次是智者之间的爱；再次是一般民众的爱。在那个时代，“爱”是人们谈论的流行话题，在苏菲派、哲学家和文人墨客之间尤为盛行。艾布·哈彦·陶希迪为此撰书名为《友谊和朋友》，诸如此类，不一而足。

米斯凯韦极力试图将希腊各学派与伊斯兰教调和在一起。他还不时地涉及心理学内容，并加以补充和阐释，足见他对心理学是有着透彻研究的。

他对伦理道德的论述有时与伊本·穆加发十分相似，因而他十分看重《永恒的智慧》一书。此书一部分由哈桑·本·赛赫勒译成了阿拉伯文，另一部分是由米斯凯韦翻译的。他说："当你为顺利而欣喜时，要为挫折而难过；当你为健康而高兴时，要为病患而哀愁；如果你满怀希望，就要准备迎接灾祸；有备无患，从容胜于草率；在战场上，什么都不想比思前想后要强，此时思虑前途命运只能造成恐惧……"

他和艾布·哈彦·陶希迪合著了一本《知识大全》，以艾布·哈彦提问，米斯凯韦回答的形式写成。如果他被问及有关伦理或心理的问题，便大加发挥。他曾侍奉过什叶派的国王和大臣，他本人也是一个什叶派人。我们从其著作的字里行间不难看出什叶派的痕迹，尽管这些痕迹隐藏在表面现象之后。他具有丰富的阅历：个人的和社会的生活经验。在个人经验方面，他著有《陶冶情操》一书；在社会经验方面，他著有《历史殷鉴》一书，我们将在后面论及。米斯凯韦以他的行为向我们表明他是一个高尚、正直之人，尤其在他的晚年。他用以教育后人的遗训被公认是最好的遗训，证明他洁身自好、严于反省自己，注重教育后人。他写遗训的方法一如盖斯·本·萨仪达和鲁格曼及其他有影响的哲人。他的遗训分散在他的大量著作中，在此我们不作赘述。

总而言之，是米斯凯韦为伦理学勾勒了一幅具有哲学意义的图景。尽管其他人如穆罕默德·本·艾比·白克尔·拉齐、精诚兄弟社都曾论及过伦理学，在这之前，查希兹也在他的《嫉妒与被嫉妒者》一文里和《对艾哈迈德·本·阿卜杜·沃哈布的心理分析》、《动物志》及其他文论中对伦理道德作了许多哲学阐述，但是米斯凯韦的长处在于，他为伦理学制定了一个全面的系统和总体的哲学范畴，而查希兹等人对伦理学的论述则只是零星地、无系统

地散落在各种书籍里。

看来米斯凯韦是一个虔诚的教徒，他在其著作中竭力维护伊斯兰教的信条，拒绝接受希腊哲学、多神教的哲学，只采纳其中与伊斯兰教相适应的部分。

拉齐是为数不多的智力超群、影响重大的人物之一，他出生在赖伊。舍赫尔祖里说："拉齐曾潜心钻研化学致使化学药物损伤了他的双眼，他便去求医治疗，医生要他交五百个第纳尔，他便如数付了款。由此他了解到医学是有利可图的。"他说："这化学并不是我所追求的。"

后来他开始从事医学研究，其成就甚至超过了医学界前辈。在治疗天花和麻疹方面，他成绩卓著。人们形容他是一个"头颅硕大、面庞清癯的长者"。他在授课时正襟危坐，下面是他的学生。他关心穷人，慷慨大方，扶困济贫。他为曼苏尔撰写了一本《人体(生理)医学》，接着又以同样的风格写了一本《精神(心理)医学》。他所谓的精神，就是伦理道德。外国人十分重视他的《医学集成》一书。他关于膀胱结石和肾结石的一篇论文被译成了法文，还有许多篇论文被译成了德文。他写的诗如同艾布·阿拉·麦阿里和伊本·沙伯勒·巴格达迪的诗歌一样，具有哲学的韵味。

他相信事物的发展和科学的进步，他认为自己高于亚里士多德和盖伦并相信他的后人必将随着时代的前进胜过自己。

人们说拉齐从他的两位老师白勒哈和阿里·本·莱班身上承袭了一些奇特的信仰。哈拉智信服他的一些哲学见解；法拉比和伊本·海赛姆却对他的一些见解提出批评。比鲁尼为他写了详细的传记。

拉齐属于理智地信仰真主的那类学者，他们否认先知的存在。据说，他与艾布·哈提姆·拉齐之间曾有过一场激烈的争论。他否认先知论，艾布·哈提姆·拉齐便对他进行了驳斥。我们看到米斯凯韦用《古兰经》和《圣训》条文作武器来捍卫自己关于伦理道德的理论，而拉齐则在他的伦理学著作中依靠纯理性。也许正因如此，米斯凯韦在他的《陶冶情操》一书中以研究心理及其价值为开端，而拉齐则以研究理性及其价值开始。

拉齐的研究是纯理性的，而穆阿台及勒派的研究是理性兼宗教的，因此，拉齐多次批评他们的观点，同时也不满意精诚兄弟社的做法，因为他们也属于宗教哲学家，只有他自己是纯粹的哲学家。拉齐的抨击先知存在的一些过激言论为穆斯林中的卡尔马特派和基督教徒中的叛教者提供了帮助，他们说，拉齐著有一本名为《对先知论的批判》的书，其中提到"各种有关先知论的理论都是毒害人民的。它造成了人们的懒惰、头脑狭隘及其他恶习，它是人们互为仇敌、操戈相见的根源"。

因此，拉齐认为，虔诚的宗教人士是哲学的敌人。柏拉图、亚里士多德、欧几里得等人对人类的贡献比先知的贡献要大得多。

这里我们关心的是他关于伦理的理论。同米斯凯韦一样，他的伦理学也是建立在科学的基础之上的。拉齐比米斯凯韦高出一筹的是，他更理智而不是传统方式的因袭。

拉齐著作之精华是他对享乐与痛苦所作的深刻、透彻的研究。他认为这二者是美德与丑行的基础。而在几百年前，宾塔和朱因斯提瓦尔特·米勒就曾以享乐与痛苦为基础创立了功利学派。

他二人与拉齐都认为美德之所以被认为是美德，只因为它的利大于弊，换言之，就是它所带来的快乐多于痛苦；而恶行则正相反。美德与美德之间的区别、一项工作与另一项工作的区别就在于各自带来的快乐有多有少。

美德和恶行皆无自身的价值。拉齐认为，没有绝对的快乐，所谓快乐就是不痛苦，比如饥饿使人痛苦，而进食则是一种享乐，因为它驱走了饥饿。以此类推，如果我们仔细分析每一种快乐，便会发现快乐不过是驱走了痛苦。

如何看待习惯，拉齐持有一种有趣的见解，他说："习惯是应当保持并被遵守的，除非极为恶劣的习惯应逐渐地摆脱掉。应警惕在饮食、起居、行为等方面偏执地奉行某种习惯。若被习惯束缚，一旦习惯被打破便会产生恶果。人应锻炼自己能习惯于各种冷热的变换、行为、饮食及作息时间的改变。"等等。

拉齐在概括地论述了伦理道德之后，又对每一种美德和恶行专设一章进行了详细的叙述，如"抑制私欲"、"自知弱点"、"回避情爱与情侣"、"排斥自负、嫉妒与愤怒"、"丢掉欺骗"、"抛弃吝啬"等等。他了解人体构造及解剖学，因而能够从生理角度对人的恶行进行剖析。他在"抑制私欲"一章里说："人区别于动物的第一个特征是意志力：思而后行。而动物的行为则受本能支配。你看不到某一动物会抑制自己为求生存而进食的欲望。人的特点在于能控制自己的本能。谁想陶冶自己，完善这一美德，就应选择一件艰难困苦的事情去做，以磨炼自己的意志，同欲望进行斗争，并最后战胜它。欲望与本性永远服从并追求现世之享乐，从不考虑后果，因为这两种东西只能看到它们自身的境况，不知其他。"

在谈到人对自己的缺点的认识时，拉齐说："我们当中任何一人出于本性和自爱，不可能用纯理性的眼光来看待自己的品行和情操。他应依靠一个接近、了解他并且有头脑的人，恳请他指出自己的缺点并告诉他那是自己最愿意听到的。一旦别人直言讲了，他不应显出恼怒，而应对所听到的评价表示高兴并渴望继续聆听。他应探询、了解他的邻居、同事、兄弟对他的看法，有何褒贬，作何评价。"加基努斯曾撰写过一本名为《贤人善取益于敌手》的书，对这个内容作了论述。

拉齐对谈情说爱以及大力渲染谈情说爱者进行了指责。他认为有头脑的智者对那些情人所作的种种痛苦之状是不屑一顾的。他说："只有女气十足、猥琐卑贱或奢侈糜烂的男人才堕入爱河。"拉齐尤其看不惯这些情人贪婪地阅读言情小说、爱情故事及爱情诗歌；入迷地聆听那些勾魂摄魄的爱情歌曲和旋律。他认为："恋爱中的情人和一切迷恋于某种事物的人——例如具有领袖欲和占有欲的人——一样，他们所想象的快乐就是不惜任何代价实现梦寐以求的愿望。假如他们考虑到了这条道路的崎岖、坎坷、艰辛和险恶，他们的愿望就会实际得多，结果也就会好得多。"

"情侣们自我控制力之软弱犹如牲畜，他们只有在经历了烦恼和无知的苦闷之后才能尝到些许快乐。他们以许多文人、诗人陷入情网作为借口为自己辩护，而实际上这种借口是软弱无力的。因为诗歌、雄辩和文学并不一定需要完美的理性和智慧，也许反倒是缺少这两种东西为好。当然，或许有些情人是具备理性和智慧的。至于他们的所谓恋爱提倡清洁、风度、仪表、装饰，则是容许外表的美丽和内心的丑陋共存。只有妇女和偏颇的男人才需要并且刻意追求外在的美貌。"谈到嫉妒时，拉齐说："嫉妒产生于吝啬和贪婪。嫉妒者看到别人获得益处——尽管这于他毫无妨害——便会耿耿于怀。我们注意到有时会发生这样的怪事：某个外来人统治某个国家，他几乎看不到人们对他的不满情绪；后来这个国家由一当地人统治，他发现几乎每个人都对他心怀不满。其实比起那个外地统治者来，这个本地人更关怀、更同情本国居民。人们之所以有如此的行为是因为他们过分地钟爱自己，人由于钟爱自己便喜欢走在别人前面，而不愿居于人后。如果他看到昨日与自己并肩同行的人今日走在他的前面，便会愤愤不平，恼羞成怒。因此，互相嫉妒的现象时常发生在亲戚、熟人、同行之间。”关于性交，拉齐专设了一节进行了论述。他认为性交会减弱视力、妨害身体、影响健康、加速衰老、损害大脑和神经、摧毁肌体和精力，“这是医生的话”。性交同其他一切享乐一样来势凶猛、贪婪，甚至超过了其他享乐。减少性交便能保持身体的滋润，延长人体的生命，延缓衰老枯萎的过程。因此理智者应控制自己，抵制并战胜性欲，从而不受其诱惑，不染此嗜好。

拉齐在这本书的结尾谈论了死与怕死的哲学。他说：“治疗恐惧死亡心理的方法是，相信死亡之后灵魂升华到了一个更适合于它的所在，因为人死后便不再遭受任何折磨。折磨是人的一种感觉，而感觉只是对活着的人而言，人若活着便总会感觉到痛苦。感觉不到痛苦的状态自然胜过感受到痛苦的状态，因此死亡对于人类来说胜过了生命。如果有人说：‘尽管人活着的时候遭受痛苦，但他能得到死后所不能领略的快乐’，我们便回敬他说：‘得不到享乐于死人毫无妨害，因为只有活人而不是死人才需要享乐。’”如此等等，不一而足。

以上例子足以使我们了解拉齐的写作纲要、表达手法以及论证的步骤。

拉齐在一篇名为《哲学的历程》的论文中，描绘了哲学家伦理道德的崇高典范。

精诚兄弟社的伦理学与米斯凯韦和拉齐的伦理学相差无几。在他们看来，伦理道德有两种：一种是个人的伦理道德，另一种是社会的伦理道德。他们说：个人的伦理是为理性所能认识的。真主号召我们做的皆为善事；禁止我们做的皆为邪恶。他们说，有一些人具有识别善恶并行善避恶的理性，这些人就是智者和哲人。而其他人则可能明知为善，不行之；明知为恶，不避之。精诚兄弟社成员们认为最高尚的道德是出于善良的愿望而行善，不求任何个人私利。他们说：圣贤之人依灵感和正确的理智而行事，不图任何报偿，既不图利，也不求避灾躲祸，因此，他们被称为"纯粹的圣贤者"，他们是另一个世界的人。关于习惯，精诚兄弟社成员们说："当使行善成为你的习惯，因为你行善并非谋求报答，也非出于恐惧报应。如果你为了扬名而行善，你就是一个伪君子。伪善者不配与神圣者为邻。"

如前所述，他们还说："美德介于过和不及之间，美德是天赋，是天使所具备的情操。"他们强调意志与训练对于具备美德的重要作用。

至于社会伦理道德，他们认为其基础是环境和社会。他们说，环境包括天体，它对于人和人的行力产生重大影响。他们将地区分为几大类，认为每个地区都对人的秉性、道德产生影响。优秀的人便是那些生活在最公正的地区的人。人们从出生之日起便各不相同，有的是王子王孙，有的是商贾后人，有的是穷人的子嗣，所有这些人都深受自己本阶层的影响。

人们需要合作。因为众所周知，人是社会的人，是具有群体意识的人。精诚兄弟社认为，孤零零一个人只能过凄惨的生活，因为他需要各种物质资料以保证优裕的生活，而他一个人却无法实现这些，因为一个人的生命是短暂的，而物质产品的生产则是多种多样的。因此人们聚集在一个城市或一个村镇，互相合作以完成各类生产。人们从事工艺、商业或制定政策等各种工作。这种分工乃是主的旨意。

对社会伦理道德产生影响的还有国家。前面我们已经阐述过他们对国家的看法：任何国家都有一定的寿命，国家在它的末期衰落破败并对国民产生坏的影响。他们希望建立一个由好人来统治的符合民意的新国家。

他们认为，宗教与国家是不可分割的。人们治理自己的事务需要一个统治者管理他们，替他们裁决纠纷，排解争端，扶弱抑强，禁止暴虐，从而使人们生活得到保障。

也许统治者本身是个暴君，即使如此也不得不服从其统治。而暴君通常是短命的，因为真主会毁灭一切暴虐分子，消灭一切忤逆歹徒。真主是公正的。人的生活准则多种多样，有专门的准则，即每个人对如何安排自己的家庭与生活的认识；还有自身的准则，即每个人对自己心灵，道德的认识，如喜怒哀乐时如何控制自己的言行以及如何看待各种事物，等等。准则又分成两类：一类是生理的，它控制着人的肌体，维持其健康；另一类是心理的，它是与人交往和自我监督所需要的准则。

由此我们看到精诚兄弟社也将伦理学转化成了一种多种门类的学问。实际上，他们同中世纪的人们一样，也是将理性、宗教与伦理、心理、社会、经济结合在一起。所有这些均属哲学的分支，甚至医学也是哲学的一支。后来各门学科才从哲学中独立出来，形成专门的心理学、社会学、伦理学。

总而言之，米斯凯韦、拉齐和精诚兄弟社像当今的西方人一样，将伦理从文学性的劝告转变成了一门有根可寻的学问，在这方面，他们是有功劳的。但是这三个人之间的差异是细微的。他们中间并没有产生派别，像我们今日所见的功利派、灵感派和进化论那样。他们三家的理论来源同为希腊哲学，他们的差别充其量不过在于精诚兄弟社和米斯凯韦将伦理与宗教糅在一起，而拉齐则以理性看待伦理，不考虑宗教因素。

一言以蔽之，研究伦理学有两条途径：一条是道德的说教、故事，如《卡里莱和笛木乃》。艾哈奈夫·本·盖斯、哈桑·巴士里和伊本·穆加发是这方面的杰出代表。另一条途径是以科学为基础，尤其在希腊哲学传入以后。这方面的书籍有米斯凯韦的《陶冶情操》。这两种方式笔者都经历过。曾经有一位文学院的教授教我们现代文学和宗教，他是以格言和谚语的方式向我们传授伦理学的。后来一位饱受英国文化熏陶的教授教我们伦理学，他教我们读马·金齐的《伦理学》一书。马·金齐在此书中首先展示了有关伦理学的各种观点和原理，接着在此基础上对伦理道德进行了详细的论述。第二位教授还教我们学朱因·斯提瓦尔特·米勒的功利派著作和进化论派苏本斯尔的著作，等等。历代以来，这两种方式都一直在起着作用。或许安萨里在他的《宗教学的复活》一书里将这两种方式结合在了一起。他首先引用《古兰经》经文、圣训和圣门弟子及再传弟子的教训阐析各种善恶行为，然后再对这些善恶行为作心理分析。

正如安萨里曾努力将教法与苏菲主义、哲学与宗教结合在一起一样，他亦将伦理学的这两种流派结合在了一起。许多伦理学属第一种流派，穆太奈比、艾布·努瓦斯等诗人在他们的哲理诗中表达了这种伦理观念并为后来的诗人所效尤。

值得注意的是，两种流派其实是并驾齐驱的：走第一条途径更多地依赖宗教和宗教训诫；行第二条途径则更多地依靠理性，二者各有所长。第一种在笃信宗教的群众中深受欢迎，宗教几乎深入到每个人的心田……第二种则受到哲学家一类学者的青睐，因为他们习惯将一切事物归结于理性的原因……

本章主要参考书目

米斯凯韦：《陶冶情操》

《什叶派名人传》

《拉齐生平》

沙赫尔祖里：《伊斯兰百科全书》

《拉齐哲学论文》

《精诚兄弟社论文集——伦理篇》

第七章　自然科学

我们所指的科学被西方人称为“sciences”，例如数学、物理、化学等。伊斯兰历四世纪，科学受到了一部分人的重视并得到了很大的发展。王公大臣以科学装潢国家的门面并以此竞相炫耀。正如拉齐以曼苏尔·本·易斯哈格之名写出的《曼苏尔医书》、赛义德·本·希白拉为穆格台迪著医学书籍一样，伊拉克的捷伯里勒·本·伯赫帖舒、伊本·海赛姆、埃及的阿里·本·里多旺、植物学家伊本·比塔尔等人亦都为王公大臣写了大量的科学著作。翻开伊本·奈迪姆的《目录大全》和《古籍释疑》[①]，你会发现其中有数百部科学著作。当时，伊斯兰世界是科学家荟萃之地，他们来自各国，持各种宗教信仰，基督教、犹太教、多神教等等。一些医生已成为具有某一专长的专业大夫，如眼科医生、外科医生、放血疗法医生，以及妇科医生等，甚至还出现了一些女医生。他们像我们今日的大夫一样，注重验尿、切脉，以作出对病情的诊断。穆斯林医生借鉴了希腊、波斯、印度和迦勒底医生的经验，有些人还创造出了不同于希腊医生的治疗方法。例如，他们用冷药治疗瘫痪和

---

① 著者哈吉·哈里发。系一部大型阿拉伯作者人名词典，介绍了一万五千本书的作者。——译者

软骨病，而希腊人则是用热药。穆斯林大夫将安眠药和麻醉剂用于医学，他们广泛使用烧灼法治病并采用冷敷止血。他们最早开设了药房并扩大其规模。他们从各地找来草药并设立了专卖草药的店铺。他们懂得许多化学元素，这得力于他们的炼金术。他们制成了硝酸和硫酸，发明了碳酸钾、氨水、氯化铵、硝酸银、氧化汞和其他一些化合物。他们还发明了一种耐火涂剂。他们懂得如何过滤、蒸馏、蒸发、凝固和溶解。伊本·海赛姆[①]曾将他的化学、物理知识运用到了机械力学的创造上。阿拉伯人还懂得天文，他们首先精通占星术，后来将它变成了一门科学。花拉子密制定了一个天文历表，融汇了印度、波斯和罗马的各种历法，还作了大量补充。后来比塔尼又制定了另一个天文历表，被称为萨比天文历表。到了伊斯兰历四、五世纪，出现了艾布·瓦法·布兹加尼[②]和比鲁尼。他俩创造了许多用于天文观测的仪器。在埃及的木卡塔木山上，以哈基姆的名字建立了一座天文台，被称为"哈基姆天文台"。

阿拉伯人从翻译过来的希腊书籍中懂得了算术、代数、几何。花拉子密有关代数方程的书籍广为流行，甚至有人以为对数"logarithm"一词是花拉子密的音译。艾布·哈尼法·迪奈沃里[③]撰写了一部关于植物学的宏著，对植物作了详细的论述。但是尽管

---

① 伊本·海赛姆(约公元965—1039年)：阿拉伯天文学家、数学家、物理学家。生于巴士拉，后去开罗。其著作被译成拉丁文，成为中世纪欧洲学校的教科书。——译者

② 艾布·瓦法·布兹加尼(公元940—988年)：阿拉伯天文学家、数学家。生于尼沙浦尔的布兹加。——译者

③ 艾布·哈尼法·迪奈沃里：阿拉伯语言学家、植物学家、动物学家，且精通代数和算术。卒于公元895年。——译者

这一切，阿拉伯人对科学的研究较之他们对文学的研究毕竟是逊色的。关于这一点，我们将在本书最后一章作详尽论述。

伊本·海赛姆是中世纪伊斯兰科学家的楷模，也是穆斯林哲学家中超过希腊人的楷模。他的全名是哈桑·艾布·阿里·本·哈桑·本·海赛姆，约生于伊斯兰历354年，早年生活在巴士拉。他重视学习当时已出现的科学和哲学，例如几何、代数、三角等以及有关的几何原理。他还研究了力学、重心和重力等。总之，他着手钻研一切在当时可以找到的先进书籍。对于哲学书籍，他不仅阅读而且还进行概括和分类。他说："我竭毕生之力欲成三件事：使我生前及死后的孜孜求学者受益；以学识陶冶自己；使学识成为耄耋之年的财富和精神食粮。"他写了数十本科学著作，其中关于哲学和物理学的有四十三本，关于数学和教育学的有二十五本。这些书的名字被伊本·艾比·乌萨比阿列在他的《医生名家》一书中。

他不仅作概括工作，而且敢于摆脱前人某些观点的束缚，明确阐述自己的主张。例如，他写过一本书驳斥语法学家阿里·叶海亚；在数学方面，他亦有独到见解，他补充了一些论据，纠正了一些错误。他还将他的科学运用到了伊斯兰宗教事务中，这在他的《礼拜之正向方位》一书中有所体现。

伊本·海赛姆的最大特长是精通数学理论。他善于将数学和几何知识运用于实践中。据伊本·古夫提传述，法蒂玛王朝的哈里发哈基姆听到了伊本·海赛姆的消息，得知他在教育学上的显赫地位以及他曾说过，倘若他在埃及，定会做一番事业使尼罗河造福于人民。他说，我听说尼罗河是从埃及边境的高处往下游流淌的。于是哈基姆召见了伊本·海赛姆并派人赠予他财物和礼品。在开罗城外,哈基姆亲自出来迎接他,盛情款待,视若上宾。待他休息过后,哈基姆请他履行关于治理尼罗河的诺言,并派他带一些工匠到了尼罗河上游。伊本·海赛姆在尼罗河上游见到水流湍急,发现这里并不像他以前所听到的那样是一处高地,水流自上急湍而下;而且事情也并非像他想象得那样顺利,于是他沮丧而又羞愧地回到了开罗,向哈基姆表示歉意。哈基姆原谅了他,并委他以官职。伊本·海赛姆并不喜欢做官但还是违心地接受了。后来他佯装呆傻、疯癫,直至哈基姆去世。伊斯兰历 430 年末/公元 1039 年,伊本·海赛姆卒于开罗。他为人们做了许多有益的事,他忠厚、谦逊,有学问,有修养。伊本·艾比·乌萨比阿说:“伊本·海赛姆心地善良,廉洁克己,喜施善济。”

伊本·海赛姆研究了一些也许我们认为是在当时尚未被研究的问题,例如在光学方面,他取得了辉煌的成就,如光线的直射、折射、反射、穿透力以及颜色的融合,等等。

布兹加尼擅长数学,在数学发展的领域里,他做出了卓著贡献。他的全名为穆罕默德·本·穆罕默德·本·叶海亚·本·伊斯梅尔,伊斯兰历 328 年生于布兹加,二十岁时移居巴格达,卒于伊斯兰历 376 年。他精通天文学和数学并且著有大量著作。外国人士评价他:“在几何方面,他的一些发现是前所未有、独特的,同时,他对于弦也有新发明。”他写了关于代数的学术著作,对花拉子密的研究作了补充。他还著书论述几何与代数之间的关系。对于截面,他有独到的见解,对于三角,他做了卓有成效的研究,使三角原理由此得到了发展。

我仿佛觉得艾布·哈彦·陶希迪在他的《慰藉与温馨》一书中所引用的正是布兹加尼的话，是布兹加尼请艾布·哈彦·陶希迪为他写书，记述他与伊本·赛阿敦之间的对话与夜谈，艾布·哈彦·陶希迪便照办了。

伊斯兰历四世纪初，还出现了一个著名人物哈兹尼，他的全名为穆罕默德·本·哈桑·艾布·加法尔，人们说，他是第一个利用二次曲线的方法解立体方程的。对于三角学他也做了大量的研究。

伊斯兰历四世纪，艾布·阿卜杜拉·巴塔尼以精通天文学和数学而著名，他是当时最有才能的天文观测学者。他于伊斯兰历240年生于哈兰附近的巴塔因，卒于317年。在几何、天文、星体计算方面，他功绩显赫。他的著作中最重要的是他那个天文历表，被称为《萨比天文表》，这是一部最精确的天文表，公元1799年被译成拉丁文，其中有一些极为珍贵的图表。

至于哈兹尼，则因他的名字在拉丁字母中与伊本·海赛姆的名字十分相近而被人们忽视了，并不太出名。

倭麦叶·本·艾布·萨勒特[①]不仅精通诗歌，也是一个著名的科学家。伊本·艾比·乌萨比阿在《医生名家》一书中曾谈到他从海底打捞沉船的情况，我们原以为那是近代的事情。据说，一艘装满铜的大船沉入了亚历山大港附近的海底，艾布·萨勒特决心将该船打捞上来。他拜会了亚历山大国王兼军队司令艾福多勒，向他讲明了自己的想法，请他为自己准备必要的物资和工具，艾福

① 萨勒特(公元1068—1134年)：生于安德鲁斯，卒于麦赫迪耶城。——译者

多勒答应了。一切就绪后，艾布·萨勒特将这些物资装上了一艘相当于沉船体积的大船，并用丝绸拧成的绳子使大船固定不动——当时人们还不懂金属可制出坚固的绳缆——接着，他命一些有下海经验的人潜入海底，将绳子牢牢捆在沉船上。同时，艾布·萨勒特命人将已制好的用于工程的起重机械放在他们所在的大船上并命令一些人不停地开动这些机器，使绳子一点儿一点儿升高并绕在他们手中的轴上，直到沉船显现、升起、接近了水面。就在这时，绳子断了，船又一次沉入海底。艾布·萨勒特为了打捞这艘沉船，确实煞费苦心进行了一番精心的设计和制造，但是命运的捉弄使他未能成功。国王痛惜那些沉下海的机器，对艾布·萨勒特十分恼怒，下令将其囚禁起来，直到一些显贵出来说情才将其释放。艾布·萨勒特不仅是个科学家，而且是个擅长文辞的诗人，用诗歌来描述他所熟悉的天文。

在数学领域享有盛誉的还有著名文学家欧麦尔·赫雅木[①]。他闭门索居，醉心于科学研究，写出了有关代数、天文的著作。他采用了许多前人未知的方程式，并对方程进行了分类和限定，还将代数和几何结合在一起。

赫雅木在他的书中记载了解二次方程的规律。同时，对于天文学，他也有新颖的见解，因此素丹麦立克沙曾召见他请他帮助修订历表。

*　　　　*　　　　*

阿拉伯人广泛钻研科学的一个重要因素是当他们征服了波

---

① 波斯籍学者兼文学家。约卒于公元 1132 年。——译者

斯、沙姆等地区后，发现那里有许多已被译成古叙利亚文的希腊科学著作，他们便将这些文献，尤其是那些从未被翻译成阿拉伯文的著作译成了阿拉伯文，然后开始学习、研究，并由此向前发展他们的科学。他们中有些人并不满足译成古叙利亚文的著作，于是，便开始学习希腊语。希阿辞典的诞生便是最好的证明。

阿拉伯人在每个有阿拉伯人居住的大城市都建立了图书馆、实验室，并配有各种设备。他们在希腊科学的基础上，补充了自己的经验，如从已知求未知，由结果追溯原因等。他们不接受未经实验证实的结论。如我们在查希兹《动物志》一书中所见，他纠正了亚里士多德在许多问题上的偏颇，也许他更推崇的是阿拉伯贝都因人。

阿拉伯人学会了配制和使用希腊火。他们采取各种方式抛掷这些火，在十字军中引起了极大的恐慌。也许正如许多东方学学者所说的那样，阿拉伯人是火药的发明者。

一些历史学家认为，第一次使用火药的战斗是在公元1205年雅各亲王包围麦赫迪耶城时发生的。他们说："他用各种武器和炮弹攻打城池，所使用的是人们从未见过的器械，每件器械都能抛出石弹和铁弹，落在城内。"据说，一些英国人亲眼目睹了这一场面，于是他们马上把这一发明带到了英国。

除此之外，阿拉伯人在植物和矿物方面也有大量著作。他们将植物用于医学并种植了药用植物。

拉齐的大部分著作被译成了拉丁文。他的著作和伊本·西那的著作成为当时欧洲各大学的基础教材。科尔多瓦人艾布·戈希姆以精湛的外科手术驰名，他记述了粉碎并排出肾结石的手术过程。

伊斯兰历四世纪前后，阿拉伯人建立了许多医院。医生们发现了许多生长在他们本乡本土而为希腊人所不知的植物。他们懂得使用烧灼疗法和纱布以及被称为催眠剂的麻醉药。他们说："有些外科手术需要使病人处于安眠状态，甚至使其失去知觉和感觉。"

总而言之，在算术、代数、几何、天文、机械力学等科学领域，阿拉伯人具有杰出的才华和智慧。他们借鉴希腊人、印度人的科学，同时也受益于他们自身的生活体验。他们还发现了一些希腊人不了解的事物。许多东方学学者都承认，阿拉伯人创造发明了许多连希腊人和印度人都不知道的东西。至于那些否认这一事实的人，则完全是出于他们对阿拉伯人的偏见。

后来，科学家经历了文学家所经历的同样遭遇。这个时代以后，出类拔萃者就很少出现了。如图西，他精通天文、擅长观测，他采用了一些以前不为人知的几何方法。图西还阐明了许多天文学的理论，修订并编辑了托勒密所著的《天文学大成》，并修订了《球形》一书。又如著名数学家伊本·哈伊姆，他在埃及、叙利亚享有盛名。他编著了代数和关于乘法的书籍，提出某些数乘以另一些数可以不采用常用的乘法规则。例如，他说："任何一个数乘以'15'或'150'或'1500'，只需这个数加上它自身的一半再乘'10'或'100'或'1000'即可。"阿拉伯人处理复杂的遗产纠纷问题的能力使他们具备了娴熟的数学计算技巧；王公大臣对观测天象的需要使阿拉伯人熟悉并精通天文学；除此之外，数学家和天文学家本人亦从数学和天文学中领略了无穷的乐趣。那种认为阿拉伯人没有超出希腊人、印度人、波斯人成就的说法是不公正的。阿拉伯人的大脑并非不发达；智慧的结晶也并不仅仅限于希腊人和印度人。事实上，同国家的财富、人民的贤德、国土的兴盛一样，人人机会是均等的。

问题在于后来的阿拉伯人未能很好地利用前人留下的遗产，倒是西方人捷足先登：他们挖掘出阿拉伯书籍中的精华部分，译成本国语言，在此基础上进行发展创造。很多从阿拉伯人著作中受益的西方人都承认这一点。当现代文明兴起时，我们又向这些遗产学习，可是，这些已是欧洲人的创造，而我们的先辈却没有份。任何一种文化都是这种情况。

本章主要参考书目

卡尔梯因：《科学史》
穆斯塔法·奈兹福：《伊本·海赛姆》
哈菲兹·卡德里·图干：《阿拉伯文化的遗产》
乔治·宰丹：《伊斯兰文明史》
伊本·艾比·乌萨比阿：《医生名家》
古福提：《智者的历史》

第八章　历史和地理

历　　史

自古以来，阿拉伯人就重视历史，不仅重视本民族的历史，而且重视在它之前其他民族的历史，他们阅读波斯人的战史便是一例。伊斯兰教诞生后，《古兰经》里出现的故事，尤其是其中关于历代先知的故事，例如亚当和诺亚的故事，激发了人们追根究源的热忱。《古兰经》还讲了许多历史掌故，如波斯人和罗马人的战争故事等等。于是人们便渴望对这些经文有更广泛的了解。在历史方面，他们注重搜集战事，考查《古兰经》或《圣训》所提及的那些地点和情况。另外，如何规定国家的税收制度也是促使他们注重历史的一个原因。某个地区是武力攻克，还是和平征服的？历史学家对此总有争议。白拉祖里（伊斯兰历 279 年/公元 892 年卒）曾为此专门著书。哈里发重视各民族帝王的兴衰史，他们力图通过读史求得经验、借鉴。当时，关于帝王的世系、轶闻，关于战争、军事将领生涯的书籍以及关于圣书和末日的审判等方面的知识在人们中间广为流传，因为大家认为历史可以使人聪明、使人接受某些教训。据《民族之殷鉴》一书的作者记述，哈里发穆克台菲让大臣给他找一些供消遣的书籍以消磨时光，大臣便命他的手下人去找。

他们找来一些书请大臣过目，其中有些是关于先王们的战争纪实、大臣的趣闻轶事以及如何搜刮钱财等内容的。大臣看后大发雷霆，对他们说："你们简直存心与我作对！我告诉你们了，给哈里发找一些供他消遣的书，让他一心读书，无暇顾及我和你们大家的事，这该多好！你们却选了这些书教他了解大臣之间的钩心斗角，教他懂得如何谋取财富，教他知道国家衰败的秘密！快把这些书拿开，换一些有趣味的故事书和诗集来！"

历史书免不了要为当代的哈里发歌功颂德。如阿拔斯王朝时期的历史学家竭力恭维阿拔斯哈里发，大肆吹捧阿卜杜拉·本·阿拔斯的丰功伟绩。艾布·易斯哈格·萨比说："阿杜德·道莱·本·布韦希曾让他为自己撰写一部有关德伊莱姆历史的书，他便为其写了一本名为《王冠》的历史书。当他埋头著书时，正巧一位朋友来访，问他在做什么，答，我正在杜撰谎言，信口胡编。"

历史学家若属于某一著名教派，其著作中便会体现出该教派的意识。例如萨希布·法赫里是什叶派人，他在书中便表现出了他的宗教倾向。如果一个历史学家属于逊尼派，便会在书中攻击什叶派，反之亦然。只有极少数历史学家能够以宗教和良知作为自己的行动准则，如塔巴里和白拉祖里等。

另外，大多数历史学家被指责语言尖刻、污秽，只有少数历史学家没有受到这种指责，例如伊本·罕里康。

在这个时代，历史取得了进步，已成为一个系统的学科而不再像以前那样零散破碎了。此时期出现了一大批历史学家，我们仅举其中三人：穆罕默德·本·哲里尔·塔巴里、麦斯欧迪和米斯凯韦。这三个伟大的历史学家都是写编年史的，不是按内容记史。

如果在不同的地点发生了一系列不同的事件，将其联结在一起的是事件发生的年代而非事件的内容。毫无疑问，这是一种无论东方民族还是西方民族都经历过的原始做法。

伊本·哲里尔·塔巴里最初被当作一个经注家，我们现在把他视为一个历史学家。塔巴里生于阿麦勒——塔巴里斯坦的一个小村镇。他很早便开始了学习生涯，甚至有人说他七岁便能背诵《古兰经》。最初他的老师是自己的父亲，后来他来到了雷伊，随后又去了巴格达。

塔巴里原打算拜艾哈迈德·本·罕百里为师，但罕百里在他抵达巴格达之前便去世了，他未能遂愿。他决意去埃及，中途在叙利亚停了下来，在那里学习了《圣训》，接着又去了埃及，最后返回巴格达。

毋庸置疑，塔巴里学识渊博、精深，无论在经注学方面，在史学领域，还是在伊斯兰教法方面，他都是当之无愧的权威、大师。他不仅才学渊博，而且性情刚直不阿。只要他认为是真理，就敢于坚持，哪怕遭众人反对，甚至掷石攻击，他也决不放弃。

塔巴里的《古兰经注》多达三十部，通史长达十三卷，人们惊诧他何以有如此充裕的时间和充沛的精力完成这些巨著。他对科学的热爱及对世俗享乐的厌弃解释了人们的疑问。对于送到眼前、唾手可得的官职和金钱，他漠然处之，不屑一顾。在诗歌方面，塔巴里也堪称大文学家。如人们所说，他还是一个语法、词法学家和数学家，对医学也有研究。他智慧的大脑使他不甘趋附某一派别，而是努力创立一个属于自己的学派，哪怕遭到其他教法学派，尤其是罕百里派的敌视。

塔巴里从前辈史学家的传述、记录中收集资料并进行严格的考证以求所收资料翔实、可靠。他的波斯血统使他得以阅读大量其他各民族的史料。

诚然，许多古老民族的历史不过是些传说、神话，但是可以谅解，因为在塔巴里的时代，只有这些有限的材料。当时，他无法找到可以为他书写历史提供确凿证据的文献。他写成《先知与帝王历史》一书之初，有人说这部书太长了，但他认为是人们没有耐心读下去，于是他将这部书缩简成了现有的篇幅。这项工作耗费了他大量精力，直至生命的最后一刻（伊斯兰历 310 年/公元 922 年）。这部鸿著以其丰富的资料成为有关波斯历史和伊斯兰历史的最佳史作。后来他的一些学生继承了老师未竟的事业。

受《古兰经注》方式的影响，对于每一历史事件，塔巴里总是举出多种意见，犹如他解释每一节经文都列举圣传弟子和再传弟子的各种意见。同时，他也有自己成熟的见解，能够对诸多意见作出自己的判断。人们极为重视他的历史著作，以至于他的这部《先知与帝王历史》几乎成了后来每一位历史学家所依据的权威著作。他的这部书早就被译成了波斯文，并且有人对此书作出了种种补遗，足见对此书的重视程度。他的另一部书《名人传记》，记述了在其著作中出现过的人物的历史。他写书不仅依靠前人留下的文字材料，而且也依靠一些可靠人士的口头传述，比如艾布・米赫乃夫、欧麦尔・本・舍白、赛弗・本・欧麦尔和伊本・塔伊福尔等人。塔巴里收集了这些文献、资料之后，首先进行整理，然后再以此著述。《先知与帝王历史》尽管是一部历史著作，但读者却可以从中获得大量文学财富，因为塔巴里对各种传述、事件的描述具有言辞流畅、清新明快、洒脱凝练的特点。

塔巴里敢于坚持真理，直抒己见，阐述了一些为当权者阿拔斯哈里发所不悦的事情。说到塔巴里的不足，有一点需要指出，那就是他过多地叙述战争、军事战斗和哈里发的生平事迹，却很少提到社会情况及经济问题。

在塔巴里之前，曾有许多人试图编著通史，但却无一人成功。他们当中有些人撰写了专门史，如瓦哈布·本·穆奈比赫写了也门史，哈姆宰·艾斯法哈尼写了波斯史；有些人写了先知传；还有些人写了阿拉伯部落史，亦被称为“日子”。

至于编纂通史，则除了塔巴里之外，无一人能胜任。塔巴里用一种全面的眼光看待历史：从人的创世直至末日。在这方面，穆罕默德·本·易斯哈格的著作给了他很大帮助。塔巴里熟谙先知生平和先知的征战史，他在著书时大量地参考了瓦哈布·本·穆奈比赫等人的史书和艾巴尼·本·奥斯曼·本·阿凡、阿绥木·本·欧麦尔·本·吉塔代、伊本·西哈布·宰赫里等人的先知传记。他居住在巴格达，于他治学著书是一个有利条件，使他得以对伊拉克有广泛的了解。同时，在他记录一些与先知生平和圣战有关的史实时，圣训学家也给了他很大帮助，特别是伊本·西哈布·宰赫里曾给了他很大启发，使他将先知传记与圣战二者加以对比并合并为一个题材进行著述。

塔巴里写作时多采用圣训学家的方法，在叙述一个事件时，列举多种传说，让读者自己从中选择最佳传述。这正是他在《古兰经注》中的做法。塔巴里是伊玛目沙斐仪所依靠的学者之一，沙斐仪通过他的学生如优努斯·本·阿卜杜·艾阿拉（卒于伊历 264 年/

公元877年)，汲取了许多塔巴里的思想。

塔巴里在他的史书中论及马立克·本·艾奈斯和奥扎伊的传述时采用的方法与他在《古兰经注》中采用的方法如出一辙。他从莱比阿·本·苏莱曼·穆拉迪(埃及人，卒于伊斯兰历270年/公元883年)那里汲取沙斐仪派的教义学，也吸收艾布·哈尼法派的教法及该派一些主要人物，如哈桑·本·齐亚德·卢厄鲁伊等人的主张。他在撰写历史书时，尤其是写到通史的最后几年时，参考了以前的文集和材料，并听取了一些来自长者的传述。例如，他写道，“我的一些朋友对我说……”或“一些阅历丰富的人对我说……”或“据亲耳听到这个故事的人说……”等等。

如果对同一事件他引用了多种传述，他便会写上：“有一些人说……而另外一些人则认为……”，有时他写道“无疑，我们认为这是正确的……”或“……我本人对此持怀疑态度。”

圣训学家和《古兰经》经注家的身份无疑对塔巴里编纂历史产生了影响。

麦斯欧迪采取了不同于塔巴里的写作方法。二者可谓各有千秋。麦斯欧迪为我们留下了两部著作《黄金草原》和《警戒与监督》其他许多著作大都散佚了。他不仅是个历史学家，而且是历史地理学家，他是一个长年奔波在征途上的旅行家。他生于巴格达一个阿拉伯家庭，年轻时去过波斯、印度，漫游了穆尔坦和曼苏莱城。他曾陪一些商人到过中国领海，后又回到桑给巴尔，接着又游历了阿曼、里海、太巴利、巴勒斯坦和安提俄克。他曾访游了沙姆地区的一些城市，后去了巴士拉，然后又回到了叙利亚。这之后，有人在老开罗城见到了他。由此可见，他周游四方，马不停蹄。

他旅行不是为了游山玩水，而是为了了解各地的风土人情。若将他与麦格迪西和比鲁尼相比，我们会发现后二者的著作更精确、更深刻。

麦斯欧迪的著作表明他在语言、民俗、传统、文学、伦理、政治等方面是位饱学多识之士。他在《黄金草原》一书中开宗明义写道："本书以时间为序，分门别类记述史实。首先涉及的是地球的地貌、高山、深壑、海洋、河流，丰富的矿藏、城市的奇迹，接着我们讲述了远古帝王、民族的故事……接下的一卷，我们遵循年代追溯以往的历史。多年来，我们远足旅行，跋山涉水、浪迹天涯，观察、思考、比较，以了解各民族的掌故、探求各地区的风情。呼罗珊、亚美尼亚、阿塞拜疆、伊拉克、沙姆地区无不留下我们的足迹。我们对历史上秉性不同、才干各异且偏居一隅、相距遥远的各类国王进行了评议。长途跋涉、颠沛流离的生活使我们的记载或评述难免有所疏漏，恳请读者谅宥。"

通过这一番表述，我们看到了麦斯欧迪当初的旅途劳顿，看到了他作风的严谨，同时也了解到他在历史、地理方面多有著述。

麦斯欧迪的著作以注重对社会现象的观察见长。他研究了阿拉伯人的宗教、阿拉伯人对化学的意见、民众的呼声、男女歌手、占卜等社会问题，并将阿拉伯人同外国人作了比较。

对每个国王的经历与历史，麦斯欧迪都讲一段轶闻趣事，并对国王的相貌作一番描述。这在其他史书上是绝无仅有的。由此可见，作为一个历史学家，麦斯欧迪的史书具有文献丰富、史料充实的特点。

米斯凯韦或称伊本·米斯凯韦，不像塔巴里和麦斯欧迪那样喜爱旅行，但他一生的坎坷经历、他的波斯血统、他对希腊哲学的研究、对化学的钻研、他与大臣穆海莱比的交往、与阿杜德·道莱及伊本·阿米德的接近以及曾遭受的政治灾难，所有这些都将他造就成为一个老练、成熟、人生经验丰富的人。他为我们留下了《民族之殷鉴》一书。他在书中指出，以往各民族——包括君主与臣民——的历史，对我们来说都是可以借鉴的经验、教训。基于这种认识，米斯凯韦能注意到那些不为别人所注意的事情，不惜笔墨介绍某个小国国王，因为或许能从中得到有益的教训。例如，他向我们讲述了突厥人的计谋：他们故意选择或年幼，或愚钝，或沉溺于享乐者出任阿拔斯王朝的哈里发，并且不让他们阅读有益的书，从而使哈里发无法与突厥人较量，突厥人便可为所欲为，等等。

由此可见，米斯凯韦独辟蹊径，采用了不同于塔巴里和麦斯欧迪的著史方式，使读者受益匪浅。

米斯凯韦对政治和社会事务有浓厚兴趣，他在这方面的成绩有我们手中的《永恒的智慧》一书为证。这是一本由古代学者用波斯文写成的既含哲理、又有文学价值的书。米斯凯韦十分推崇这本书，因此，他完成了哈桑·本·赛赫勒未了的翻译全书的任务，并对此书作了摘编。他之所以欣赏这本书，是因为其中含有许多精辟的政治观点和社会见解。例如，一位波斯国王在对他的儿子和继任国王的嘱训中说：“驱走你心中的贪念，解开你脚上的羁绊。暴虐者终会悔恨，尽管人们吹捧他；受压者将获安宁，尽管人们辱骂他；知足者最富有，尽管他食不果腹、衣不蔽体；贪婪者最贫穷，尽管他拥有整个世界。实施暴政的君主，违背了财富和自由的尊严，变得低下卑劣，形同奴隶和贱民。对于地位比你低下的人，你当慷慨善待；对于地位相同者，你当平等公正；对于地位比你高的人，你当钦敬崇拜。基督耶稣说，人何以使其心灵受益？卖掉他所拥有的世俗之物，将其作为遗产留给后人。”

在这本书中，米斯凯韦选了波斯、希腊及阿拉伯等民族的哲理格言。

显然，米斯凯韦热衷于研究美德问题和探讨有关政治的内幕。他认为自己需要这样做，以帮助周围的君主、大臣，同时也是为了完善自己的人格，用各种自己熟知的美德来陶冶自己的心灵。我认为伊本·哈彦责骂米斯凯韦，只因他憎恨米氏，他认为自己是杰出的学者，但却怀才不遇，因此，他怨恨一切一帆风顺的人，尤其是那些学识不及他的人。

总而言之，历史学在这个时代取得了进步，但依然存在两大缺点：一是绝大多数历史著作不是根据内容而是以编年体写成；二是在史书中局部的观点而非全局总体的观点占了统治地位。除此之外，在阿拉伯史学家看来，帝王史、战争史及他们的胜利远比社会生活、人民的历史更重要。因此，现代史学家若要对某个社会问题进行历史考证便会感到十分困难，得在浩如烟海的史料中反复筛选才能找到自己所需要的资料。

地　　理

伊斯兰历四世纪，从自己的国家迁居他乡，领略异地的风土人情，成为人们的时尚。一切强大的民族在其鼎盛时期莫不如此。

而弱小的民族则宁愿留在自己的家园，固守家乡的土地，并不重视他们以外大千世界的生活。促使人们热衷于迁居有两大因素，一是商业，另一是科学。伊斯兰历四世纪商业十分发达，一些旅行学者为经商的人撰写了旅行指南，政府亦为旅行者的歇息、住宿建立了许多客栈。最初，这些客栈是为保卫边界、防御外敌入侵而设立的军事哨所或邮政驿站，后来，这些地方又增加了为商人服务的功能。这些旅行指南类似我们今天的导游手册，标明了各地之间的距离、当地民族的习惯、风土人情、商品的种类、工农业生产情况及当地通用的度量衡，以及每个国中的著名人物。这段时期有大批这类书籍问世，其上乘之作首推白沙里亦称麦格迪西所作的《各地区域划分及情况介绍之指南》一书。据他自己叙述，他曾行程两千费尔萨赫①，远至中国和锡兰。另外还有鲁斯泰的《稀世珍品》、伊斯塔赫里的《道里与国土》、白克里的《国土》、伊本·库尔达才白的《省道志》及伊本·法基希的《列国志》等，亦均属此类书籍之佳作。

穆斯林在他们的鼎盛时期设立了许多商业中心，吸引了大批商人携带着他们的商品和钱财从各地涌来。其中不乏掮客，他们在各地从事倒卖活动。当时还出现了货币兑换商，他们在各地有自己的代理人，负责为他们办理各种兑换支票、汇票等业务。当时最大的商业中心在爪哇，这是一个中国商品中心。其他中心还有亚丁、卡赛龙②和阿里什③。

穆斯林去过俄罗斯，到达了库塔希亚，从鞑靼人那里带回了貂

① 1费尔萨赫约1.2万腕尺，约6.24公里。——译者

② 波斯一西部城市。——译者

③ 埃及西奈半岛北部一城市。——译者

皮。他们还抵达了苏丹最远的边界，甚至足迹踏至中国广州。他们每至一地便学习当地的语言、风俗，同时也传播他们自己的语言、宗教，并与当地人通婚杂居。

麦斯欧迪在他的历史著作中向我们讲述了许多这些旅行家的故事。例如巴士拉大富翁、大商人伊本·瓦赫班曾游历到了西拉夫[①]，从那里到了印度，后又去了中国，并施巧计得以见到了中国皇帝。他回来后便向人们宣传他的旅途见闻，并鼓动他的同胞外出旅行，发展贸易。他们不仅作陆上旅行，而且也作海上旅行。为此，他们制作了航行在地中海上的大船。当时他们的船只是帆船，据说船队可载数千名乘客，船上设有卖货的店铺。有时他们从威尼斯带来制船的木料。船上有堵塞漏水洞的潜水员，有负责清洁、维修并担任服务工作的水手，还备有传送消息的信鸽。

据麦斯欧迪记载，他曾穿渡过许多大海，有中国海、罗马海等。他所经历的风险不计其数，最惊心动魄的是渡过黑人海[②]，那次航行，他们的船远到莫桑比克。

除去海路、陆路的危险，他们还经历了其他无数艰辛。据伊德里斯叙述，伊斯兰历四世纪，“一伙同为一族，系叔伯之亲的人造了一艘船，装备齐全后，乘该船在大西洋上漂游闯荡，以了解海上的奥秘和奇迹，想知道最远可以到达什么地方，他们被称为探险家”。

他们似乎到达了美洲，因为美洲正是在大西洋的尽头。

在学术方面，关于圣训的书籍尚未完善。于是学者们游访各

① 波斯一商港，位于海湾东岸，巴林对岸，为古代重要商港。公元 977 年毁于地震。——译者

② 系大西洋一分支，与坦桑尼亚海岸相对，被阿拉伯人称为“黑人海”。——译者

地，向当地人收集圣训，有时甚至千里迢迢仅仅为了证实一条圣训。当时，从书本上收集圣训的圣训学家被人看不起，被称为"抄书匠"，因为他们只是从纸片上抄取圣训。学者引以自豪的是他有众多的老师。

比鲁尼生于花拉子模，他家乡的人称他为异乡人，因他长年流落在外钻研数学、几何学等希腊科学，接着又一心攻读这几个领域里的印度科学。他将希腊科学与印度科学进行比较，并指出了双方的不足。他还研究了印度的社会状况并为此撰写了著作。

麦格迪西可称为奇中之奇，这是他对自己的评价。他不甘看到别人都有所创造而自己一事无成，因此，他独辟蹊径，选择了从未被别人注意过的学术方向，这便是他编纂地理书籍的动机。他说："我认为我应当关注一门被人忽略的、无人提及的科学，由我独立研究这门艺术。"也就是说，他的著作着眼于各国人民在讲话、声音、语言、肤色、教派等方面之不同；度、量、衡和货币使用的不同；对荣誉与缺点的看法之不同；领土的广阔与狭窄、富饶与贫瘠之不同等方面。他说："这是对于商人、旅行家、国王、贵人、法官、教法学家来说必不可缺的一门科学。"

诚然，在麦格迪西之前，不少人曾涉及过此类内容，但他们皆浅尝辄止，他们记下的只是他们所听到的，并且有些人仅局限于在某些著名城市收集圣训。麦格迪西为自己制定了一个方针：到伊斯兰国家去亲眼观察。进入一个城市便要对该城进行充分调查。用他自己的话说，就是吸其气、量其水；会见那里的学者；服侍那里的国王；与那里的法学家、文学家及诵读家、苦行者及苏菲派广泛接触；出席那里的学术演讲会；与当地人进行交流；在那里经商；测量其疆界、领土；考察当地居民信奉的教派，仔细研究他们的语言与肤色。总而言之，麦格迪西不遗余力地去实现自己的崇高目标，他说："凡旅行者所经历过的，我皆体验了：我学习了教法，领略了文学；我曾实行禁欲，笃信宗教；我传授过教法并教过文学；我登过讲台发表演说，我作过宣礼，带领众人作过礼拜；我走访过学校，在聚会上发言；我同苏菲派一起吃过土豆酱，同突厥可汗一起尝过牛肉泡馍，还同水手一道喝过稀粥；我曾被逐出清真寺，亦曾漫游在荒野，迷途在沙漠；我一度虔敬真诚，亦曾公开品尝禁食；我陪伴过黎巴嫩山上的拜偶像者，也与素丹君王打过交道；我曾使用过奴隶，也曾卖过苦力；我多次几乎被淹溺，也曾遭遇过抢劫；我曾在旅途中与浪子为伍，亦在市场上出售过商品；我曾被囚禁，也曾被指控为密探；我享有过无比崇高的声誉，也不止一次被判处死刑；我被指控为异端分子，也被诬陷为贪婪之徒。这些旅行耗费了我一万多迪尔汗。只要有可能，哪怕经过的城市有十费尔萨赫那样远的途程，我也要抛下旅伴，前往这座城池考察。饱尝艰辛困苦的学者与那些以娱乐故事博得听众青睐的人之间真有天渊之别啊！"

对于未能亲眼所见的事物，麦格迪西的原则是：向那些头脑清醒、聪颖理智的人询问；就一件事向各种不同身份的人询问；一致肯定的，便采纳之；众说纷纭的，便弃之不用。对于那些他不信任的传述，他总是注明出处或标明"据称"等字样。他随身携带的彩色地图给了他以巨大的帮助。他游历过阿拉伯半岛、伊拉克、沙姆地区、埃及、摩洛哥，后来又到了波斯、信德和印度。他将出游这些国家的印象总结如下："最引人入胜的地方是伊拉克，它令人心情舒畅，思想得到启迪，它造就人们心地善良，感情细腻，并且那里的水果最丰富；东方气派最为恢弘、学者如云的地方是萨曼王国；盛产羊毛与蚕的地方是德伊莱姆、朱尔加尼和塔伯里斯坦；最好的鲜奶与蜂蜜、最香甜的面包以及最美的番红花生在赖伊、哈迈扎尼、伊斯法汗和戈珊地区；最卑贱低劣的人是胡泽斯坦人；最甘美的果实和最低矮的人生长在吉尔曼；信德盛产麝香；最精明的商人是波斯人；最炎热干旱的地区是阿拉伯半岛；最吉祥、富有名胜且独善其身，拥有众多苦行禁欲者的地区是叙利亚；财富充足、市场繁荣、五谷丰登且信士与诵读家云集的地方是埃及。麦加人最贪婪；麦地那人最明理；耶路撒冷人心地最纯洁；希拉特人最文雅；赖伊人最机敏聪慧；库法人的衡器最准确；霍姆斯人最忠厚善良；拜阿莱贝克及埃及人最爱酗酒。”

麦格迪西来到埃及后对福斯塔特大为称赞，他说，这是他所见的最名副其实的城市，这里的清真寺所举行的聚会也是伊斯兰世界规模最大的。他欣赏这里的食品、点心、蔬菜、水果以及人们诵读《古兰经》的声调。他对尼罗河上诸多的船只、清真寺里众多的礼拜者感到惊诧。但他却不满意这里跳蚤成灾、穆斯林不讲卫生、居民宅院拥挤不堪的状况及人们酗酒成风，道德败坏，吵架叫骂习以为常的现象。

麦格迪西的最大特点是，他所到之处，无不留意当地人民的语言、方言、风格及不同地区对一些词汇的不同用法。

他传述了关于呼罗珊国王的一个故事：国王召集了来自呼罗珊地区五个小镇的五个人，让他们同时讲话，然后他说，锡吉斯坦人的语言适合打仗；尼沙浦尔人适合打官司；马鲁齐人适合做官参政；白尔希人适合书写信函；而希拉特人的语言则污秽不堪。

麦格迪西列举了同一人名在不同的国家有不同称呼的情况。例如，波斯人习惯将阿里、哈桑、艾哈迈德等名字的最后一个字母换成“卡夫”(kaf)[①]，表示昵称；哈迈扎尼人喜欢在艾哈迈德、穆罕默德、阿绮莎等人名后缀上一个字母“俩目”(lam)[②]；萨瓦人则在艾布·阿拔斯、哈桑、加法尔等名字后加上一个字母“努尼”(nun)[③]，如此等等。

总而言之，麦格迪西观察力强，善于捕捉微小事物加以细致准确的描述，因而使后人受益匪浅。在这方面，他令同仁自叹弗如，故我们仅以此为例，对其他人不作赘述。

阿拉伯人自接触外部世界以来，便向世人证实了他们的灵活与接受能力：他们能够跟上并适应各种文化，他们聪明、充满活力、而且想象丰富。这个时代是阿拉伯人最活跃、游历最广的时代，他们与世界最边远的地区建立了贸易联系。如，他们同中国、同俄罗斯部分地区以及非洲地区都有贸易往来。旅途遥远，交通困难，以及条件恶劣均未能阻挡住他们。大商人苏莱曼到中国旅游的故事人所共知，他经位于波斯湾的西拉夫，渡印度洋，直抵中国海岸。麦斯欧迪用了二十五年时间周游各国，描述大千世界。他描绘那个时代各民族人民的信仰、习俗，描述各个城市、山川、海洋、王国和国家。继麦斯欧迪之后，伊本·豪盖伊作了另一番旅行。他说，“我的这本书记述了地球的形状、面积，伊斯兰各国人口居住与荒无人烟的地区分布及各个城市的特点、风貌的详细情况。本书的

① 均为阿拉伯字母名称。——译者

② 同上。——译者

③ 同上。——译者

每一节都配有图片、地图，介绍该地区的地理位置及周围邻区、城邦和乡镇，介绍那里的法律和民俗，描述那里的江海、河流、道路及财政、贡赋和租税等情况。”前边提到过的比鲁尼曾陪同伽色尼国王出征过印度，发表了他在信德和印度北部地区的所见所闻。他曾试图凭借其天文计算法纠正印度的计算方法。继他之后，出现了艾布·哈桑，他游历了北非的大部分地区并到了埃及。他将地球按天文法规分为四十一个地理位置。可见，尽管阿拉伯人将希腊人、罗马人尊为他们的地理学导师，但是他们自己却超过了导师并作了许多补充。他们克服仪器短缺、设备简陋的困难，纠正了托勒密确定的一些大城市地理位置的误差。他们的测算误差不超过两度，而托勒密的误差则有时高达十八度。

伊斯塔赫里与麦斯欧迪是同时代的人，他写了一本书，对伊斯兰世界境内的山脉、河流及城市作了数字统计。伊德里斯作过多次冒险并以他那本含有尼罗河几大源头及赤道地区众多湖泊的地图集而著名。艾布·费达曾列数了在他之前的地理学家，达六十之多。他们的独到之处在于将地理与天文结合起来，这在当时被认为是一种新颖的观点。

本章主要参考书目

《地理丛书》
塔巴里：《先知和帝王历史》
麦斯欧迪：《黄金草原》
白拉祖里：《各地的征服》
乔治·宰丹：《伊斯兰文明史》

米特兹的历史著作　艾布・里达译

朱思塔夫・卢布恩著　阿迪勒译:《阿拉伯人的文化》

穆斯塔法・加瓦德发表在《巴格达科学学会杂志》第一期上的文章

第九章　科学的途径

我们所说的科学的途径，指的是当时为传播科学所采取的媒介手段。主要有：图书馆、各种教育方式、旅游、造纸业及书法等。现分别叙述如下：

图书馆：伊斯兰世界分崩离析，形成诸国割据、各霸一方的局面后，各王国统治者争先恐后以精湛的工艺美术装点、美化自己的国家，以本国的诗人、学者、哲学家等社会精英作为炫耀的资本。某一精美工艺一旦出现，其他国家立即争相效仿。穆太奈比的经历为我们提供了这种竞争的最好实例。赛弗·道莱很赏识穆太奈比，因为对他来说，穆太奈比就是为其歌功颂德的宣传工具，形同今日的报纸。穆太奈比到埃及后，又受到卡夫尔的器重。当穆太奈比投奔阿杜德·道莱时，更被后者引以为荣。这种竞争的结果便是图书馆的诞生。每个亲王都有一座宏大的私人图书馆，他们以此来炫耀，并竭力发展其规模。据记载，安德鲁斯统治者哈凯姆曾派人前往东方伊斯兰各国，购买那里最新出版的书籍。据说，他图书馆里的图书目录就有二十四册，每册二十页，里面记载的全是书名。

法蒂玛王朝的哈里发阿齐兹·比拉（伊斯兰历 386 年/公元 996 年卒）喜欢藏书，有人向他提及哈利勒·本·艾哈迈德编纂的

词典《阿因书》，他便命书库的管吏们去查找，结果从书库里找出三十多本，其中一本是作者的手迹。有人给他带来一套用一百第纳尔买下的塔巴里的《先知与帝王历史》，他命管吏从书库里找出了二十多套，其中有一套为塔巴里的手迹。有人说起伊本·杜莱德的《语言荟萃》一书，他的管吏们一下子便从书库里搬出一百本！

麦格迪西在形容阿杜德·道莱的书库时说："书库由一间间房间组成，由监理、管吏、保管人员等地方公正人士进行管理。当时各种科学书籍只是在进入阿杜德·道莱的书库后才得以分类整理。书库是一座长方形带大棚的拱形建筑，四周皆有壁橱。贴着整个建筑和壁橱的墙壁，有一些六英尺长、三腕尺宽的厢式小房，由装饰木制成，门呈拱形。书籍排列在书架上，每一类书都占有若干厢式小房并配有目录，上面记载着珍贵书籍的名字，进入该图书馆的，都是些有名望的人。"

我们知道，当时这座书库的主管是知识渊博、学富五车的伊本·米斯凯韦。

赛弗·道莱亦有一座大书库，管理者是两个都叫哈利德的著名诗人。

艾布·阿拉·麦阿里在《忏悔书》中谈道，他在巴格达时曾参观了艾尔达西尔[①]的图书馆，图书馆里有一位肤色黧黑的姑娘，负责出借图书以及其他一系列有关事务。

除此之外，许多富人、大臣也都拥有自己的图书馆。例如，阿杜德·道莱的大臣伊本·阿米德，他曾有一座图书馆，当他遭受迫

① 古代波斯萨珊王朝国王的名字。——译者

害时，他赞美真主的保护使他的图书馆安然无恙，因为对他来说，没有什么比这座图书馆更重要了。

伊本·米斯凯韦曾一度做这座图书馆的主管。馆里藏有各种科学、哲理和文学书籍，数量之多需由一百头骆驼驮负。萨西布·本·阿巴德也有一座图书馆，他极珍爱之，以至于当萨曼国王努哈·本·曼苏尔邀他出任大臣时，他推托的借口竟然是他拥有的各类科学书籍太多，需用四百多头骆驼驮运。仅这些书的目录就多达十卷。

据传，星相家阿里·本·叶海亚曾与哈里发过从甚密，他的财产包括一座大书库，被称为智慧之库。人们从各地来到智慧之库，可以住在里面学习、使用里面的图书并受到招待，一切费用由阿里·本·叶海亚负担。据说，著名星相家艾布·穆阿什尔起初并不精通星相，他从呼罗珊外出求学，听了人们的描绘并亲眼目睹了这座智慧之库以后，惊叹不已。于是，他放弃了朝觐，在此住下，学习星相学。又据记载，西班牙法官艾布·穆塔里夫收藏了许多书籍，数目之大，当时西班牙无一人可与之相比。当时他有六位文书，经常为他抄写书稿。他只要得知某人手中有好书，便前去高价买回。艾布·穆塔里夫从不向人出借他的藏书，若有人向他求之再三，他便让人为其誊写该书，将誊写本交给借书人。

*　　　　*　　　　*

综上所述，我们看到当时图书馆很多，遍及帝国各地成为吸引人们前往学习的良好场所。甚至形成一种风气，举凡富豪，必拥有一座大图书馆。

倘若我们知道当时还没有印刷厂，只有著书人和誊写人，便会了解到建立图书馆需要耗费多么大的精力和财力！

图书馆并不限于收藏、出借图书，也成为学子与学者聚会的场所，彼此交流学术见解……正因如此，这个时代，科学发达，学者如云。

除了这些公共图书馆，每个学者都有自己的私人图书馆，藏有个人所需的书籍。如果经济富有，便雇用抄书人为其誊写；贫寒的学者则只能自己动手抄写。

据说，圣训学家希吉斯塔尼的衣袖一宽一窄，别人问及原因，他说，宽大的衣袖用来装书，另外一只则没有实际用处。

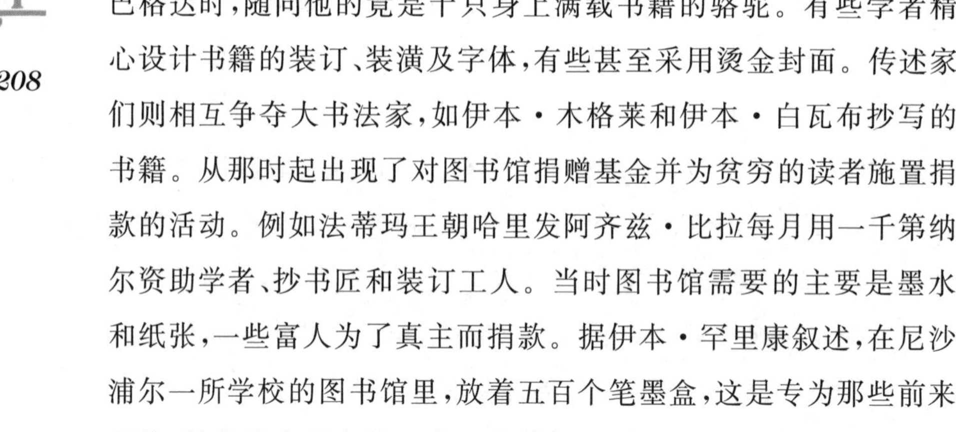

有人传述，伊斯法罕一位富有的学者花了三十万迪尔汗购买书籍。另据传述，穆阿台及勒派人艾布·优素福·加兹维尼进入巴格达时，随同他的竟是十只身上满载书籍的骆驼。有些学者精心设计书籍的装订、装潢及字体，有些甚至采用烫金封面。传述家们则相互争夺大书法家，如伊本·木格莱和伊本·白瓦布抄写的书籍。从那时起出现了对图书馆捐赠基金并为贫穷的读者施置捐款的活动。例如法蒂玛王朝哈里发阿齐兹·比拉每月用一千第纳尔资助学者、抄书匠和装订工人。当时图书馆需要的主要是墨水和纸张，一些富人为了真主而捐款。据伊本·罕里康叙述，在尼沙浦尔一所学校的图书馆里，放着五百个笔墨盒，这是专为那些前来写作、抄书的人预备的。有一张单据，记载了开罗一座图书馆即哈基姆建立的科学馆的开销、费用。上面写着：

项目	**第纳尔**
纸张	90
馆员	48

差役	15
纸张、墨水、笔等文具管理员	12
修补图书	12
水费	12
草席	10
毛毡(冬日作铺垫用)	5
毛毯	4
修补帘子	1

*　　　*　　　*

教育的途径在当时是多种多样的。其中有私塾。伊本·赫勒敦曾专门开设了一个儿童班。伊斯兰各国的宗教派别不同,教育方法也各有特点。东方各国首先教授《古兰经》,以使其在学生心中深深扎根。《古兰经》与书写是他们的基本教育内容。

安德鲁斯的教程是,先教授儿童《古兰经》和书写,然后再辅以诗歌和散文,并引导孩子们熟记阿拉伯语语言规律,精通书法与写作。一个儿童幼时接受这样的教育,待他长大之后便会在阿拉伯语言和诗歌方面具备一定的基础,再读《古兰经》便会有更深刻的理解。

据伊本·赫勒敦在《漫游》一书中记述,艾布·白克尔·本·阿拉比主张教育从算术、语文和诗歌开始,然后再教授《古兰经》,因为那时学生已可以理解所读经文的内容。他说:"我们的国人对幼儿实施以经文而不是以其他语言基本功为启蒙的教育,实在是糊涂呵!"他反对将两种不同的学科混在一起向学生传授,除非学生已具备了一定的接受和理解能力,然后才可进入学校或参加学术聚会以接受高等教育。

麦格迪西说，他曾在傍晚时分对开罗清真寺的学术讲座作过统计，共有一百二十个。或许这些讲座很像艾资哈尔清真寺的半圆圈式讲座，每个长老在一根圆柱前开设讲座。当时巴格达的曼苏尔清真寺是伊斯兰帝国最著名的教育中心，前来求学的人无论酷暑严寒，从不间断。据说，伊斯兰历 314 年，巴格达寒风凛冽、大雪纷飞，而艾布·宰克莱却端坐于已结冰的底格里斯河中央，讲授圣训。

当时达乌德·扎希里学派最知名的学者易卜拉欣·本·穆罕默德·奈福图维，总是坐在曼苏尔清真寺一廊柱旁授课，五十年如一日，从未改变过位置。这些半圆圈式的讲座有讲教法的，有讲语法、词法的，还有一些是讲授语言和历史的。据说，当时教法学家的学生最多，因为教法最能使人胜任各种职务以谋职生存。当时最流行的教学方法是教师口授，学生听写。因此，有些著作便以《口授录》命名，如嘎里、宰查只、穆尔台迪等人的《口授录》。通常是学生围坐在老师四周听他讲授。据说，穆阿台及勒派的朱巴伊口授了十万零五十页纸的内容。

教长们的教学方法各有不同，有的教长口授自己头脑里有的东西，该讲什么，不讲什么，他心中有数；有的教长则先让学生提问，他再作解答。接受口授进行听写的学生在每课之首都要写上“某月某日于某清真寺，某某教长主持口授”的字样。

这种教学方法在教义学家的讲堂里尤为盛行。到了伊斯兰历四世纪，第三种教学方法占了主导地位，这就是读古书并进行解释。有的念西伯威的语法书，有的念法拉厄的《〈古兰经〉注释》，有的念胡载勒的诗，还有的念有关圣训的书，如此等等。有趣的是，据传，艾布·阿慕尔·穆塔里夫编写了一本关于语言的书，名为《雅古特》(意为宝石)。他说，这本书的雏形产生于伊斯兰历 326 年 1 月末他在巴格达曼苏尔清真寺向学生即兴进行口授的时刻。当时，他未参照任何一本书或讲义，学生们记录了他口述的内容，由此便在一次次学术讲座上传播开来。后来，他认为应增加一些内容，便增加了比最初多若干倍的内容，由他的一个学生记下来，艾布·易斯哈格·塔巴里念给他听，有众人在场旁听。之后，他又补充了一些内容，再由别人记下来念给他听，时值伊斯兰历 329 年 11 月的一个星期二。伊斯兰历 331 年 4 月，他完成了这本书，他把所有的誊抄本汇集到一起进行了比较，作了最后的补充，由穆罕默德·本·沃赫布记录，然后他召集众人，宣布这本书已定稿，可以公开，今后不再有任何增补。

总而言之，当时的清真寺、图书馆、私人学堂是学习的主要场所。除此之外，还有学者与大臣在家里举办的各种私人学术聚会，如艾布·苏莱曼·曼提吉、大臣穆海莱比、大臣伊本·赛阿丹等人举办的聚会。学者、文人及他们的学术领袖聚在一起，由领袖主持聚会并信口提出一个有关或语言、或文学、或心理、或社会的问题，由在场的学者们回答。然后大家畅所欲言，各抒己见，直至聚会结束。艾布·哈彦·陶希迪向我们提供了当时流行的另外一种有益的学习方法，如他和米斯凯韦所采取的那种方法：艾布·哈彦向米斯凯韦寄去一本书，其中包含了各种各样的问题——语言的、宗教的、伦理的、社会的，等等。他将这些问题归纳在这本书里，起名为《被忽略的》。该词原义为“无人照看的骆驼”。伊本·米斯凯韦亦以写一本书的形式回复。米斯凯韦在书中对艾布·哈彦提出的问题一一作答，并将该书称为《包罗万象》，意即此书包罗了对所有被忽略的问题的明确答复。这种教学方法说明教师重视学生提的问题，并认真予以解答，在清真寺上课用的就是这种方法。同时，也说明米斯凯韦对他的学生是何等重视。有时，他还对禀性差的学生及时加以提醒和帮助。艾布·哈彦在他的《求知录》一书中向我们描述了在艾布·苏莱曼·曼提吉的学术聚会上就各种问题进行争辩的情景。每位与会者都各有所长：艾布·苏莱曼精通哲学；大臣穆海莱比擅长艺术、文学；教法学家深谙伊斯兰教法；圣训学家熟稔圣训学；苏菲派人的聚会则主要讨论神秘主义，如此等等。《求知录》一书，以及大臣穆海莱比的传记和苏菲派人聚会的纪实，为我们提供了丰富多彩、绚丽多姿的文化财富。

有时，通过书信进行知识交流。伊斯兰帝国境内某一学者在某一种或几种学科上出了名，便会收到来自全国各地的信件，询问一些重要的问题，有《古兰经》方面的，也有语法或教法方面的。学者接到信后便一一作出答复。例如，一些地区的统治者向语法学家西拉菲请教有关语法、词法及经注的问题；埃及一位传教士曾向艾布·阿拉·麦阿里询问他为什么是一个素食主义者，禁止自己食用真主许可的肉类。各种问题的提出、答复，专门的学术聚会，清真寺里的学者讲座，私人学堂，学者与学生齐集一堂的图书馆，活跃的讨论气氛，所有这些形成了一个强大的传播科学的运动，造就了一大批专家学者，这种盛况是任何一个时代无可匹敌的。与此相关的是，在这个时代及该时代之前流行一时的“学术证书”之风。最先采用这种做法的大概是圣训学家，以此来证明他们的权威:某个权威认可别人援引他所传述的圣训或某本书,便给此人开一具认可证明,承认这种资格和权利。于是圣训学家们争先恐后为获得他们的老师颁发的证书而努力。学生们若听到一段圣训,便请老师写一张证书。当时人们总是借与学者见面之机向他们诵读自己或其他人的著作,并以能获得他们写的证书为荣。当时的学者分为两类,一类比较严格,他们只有亲耳听了某人的口述并且相信他才发给他证书;另一类学者则比较宽容,他们认可一切想得证书的人,哪怕从未听过他的口述。有的学者甚至在逝世之前认可当时所有穆斯林传述他自己所知道的圣训。他们对证书用语精心,措辞甚至富有诗意,如我们在萨非丁·哈里诗集中所见。这种风气一直持续到迄今不远的年代。据传述,阿卜杜·哈米德素丹从《新娘的皇冠》一书作者穆尔台迪·宰比里那儿获得了不止一份圣训传述许可证书。

*　　　　*　　　　*

当时先生与学生的关系犹如父子,学生要为先生效劳。我们现在听说过也看到过学生为老师洗手,甚至为他备驴,以及老师骑驴,学生跟在后面跑的事。在当时那个时代,师生关系亦如此。

教师与学生之间还经常结成姻亲关系。苏菲派则更甚,他们要求学生必须绝对服从先生的意志,对先生唯命是从。《名人传记》里记载了许多这类故事。

据传述,艾布·扎纳德到麦地那清真寺讲学时被学生簇拥着简直像一位国王。从许多传述可看出,当时并没有一个特定的教学纲领,对讲什么内容,怎么讲,老师可随心所欲。

当时大多数老师是按酬施教。前边我们已提到过穆拜莱德授课收取报酬分文不让，宰查只每天交他一个迪尔汗方可听课。相对来讲，语言、语法学者最理所当然地认同按酬施教的合理性，而圣训学者则是为真主而教。当时若是农民送儿子学习便要承担老师的膳食。

总而言之，家庭里、清真寺里、文学的、哲学的，等等，各种各样的聚会广为流行。有些王公大臣对科学文化有浓厚的兴趣，因而他们大力支持、鼓励举行这些集会。当时出现了什叶派、逊尼派等各家派别之争，而这些聚会恰恰起到了相当于今日的报纸的宣传鼓动作用。法蒂玛人举行了不知多少次聚会宣传他们的什叶派主张！逊尼派亦举行了不知多少次聚会回击什叶派！这类例子屡见不鲜。法蒂玛王朝大臣雅各·本·凯利斯曾举行过一次围绕教法、文学、诗歌及教义学问题进行辩论的学术聚会，他本人是个犹太人，不仅知识渊博，而且财富充盈，从而使他潜心致学有了可靠的经济保障。辩论、争论活动在当时开展得十分热烈，以至于专门为此制定了一门学科，称为“研究与辩论之规矩”。参加这些聚会的有各种宗教的信徒，例如，在艾布·苏莱曼·曼提吉主办的聚会上就有基督教徒叶海亚·本·阿迪和信仰其他宗教的人。据记载，尤西那·本·马斯维在巴格达举行了一次学术聚会，出席会议的学者是笃信各种宗教的哲学家、医生、文学家和教义学家。伊本·哈米德·伊斯法拉伊主办的聚会，据说有三百名教法学家出席。除此之外，还有各种觥筹交错，咏诗作曲，花香袭人的娱乐性聚会，正如大臣穆海莱比所叙述的那样。艾布·法勒吉·艾斯法哈尼和伊本·米斯凯韦等人在他们年轻放荡时都曾光顾过这类聚会。我们还在前边提到过精诚兄弟社的会员当时遍及各地，他们

的领袖告诫他们每周或每十二天召集一次专门的集会，学习各种知识，研讨他们团体的发展史。

辩论、争论日渐增多，难免在辩论时出现争吵、谩骂和攻击。因此，清真寺已不宜为其场所，于是人们便考虑建立新的专门场所举行辩论会，从事教学活动，这就出现了学校。

固然，私人学堂从穆罕默德时代起就已逐步遍及城乡各地，然而高等教育却没有专门的学校，直到伊斯兰历四世纪，高等教育也还只是在清真寺进行。有人认为是尼札姆·穆勒克于伊斯兰历五世纪下半叶第一个为学者创办了学校，但实际上在这之前便出现了学校。最早的学校诞生在尼沙浦尔。尼沙浦尔的历史学家哈吉姆说，第一座学校是我的同代人艾布·易斯哈格·伊斯法拉厄（卒于伊斯兰历 418 年/公元 1027 年）在尼沙浦尔建立的，另一座学校由伊本·法乌莱克建成。人们说，艾布·白克尔·白斯提（卒于伊斯兰历 429 年/公元 1037 年）在他的宅院旁为有学之士建造了一座学校，并为学校捐赠了一部分基金，他当时是尼沙浦尔知名的教师、辩论家之一。在一些大的聚会上，教师坐在高凳上朗朗授课，然后，他的助手重复他的话以便让全场每一个人都能听到。所有这些，都是发生在尼札姆·穆勒克之前的事。尼札姆·穆勒克的学校囊括了许多赫赫有名的大学者，如安萨里等。安萨里说，他后来放弃教学的一个重要原因是当时人们太热衷于争辩，他们不是为了真主、为了追求真理进行争辩，而是为表现自己、为战胜对手，出人头地。因此，他离开了学校，投奔了苏非派……其后的学校一直循此模式……

*　　　*　　　*

不要以为那时学者的境况与我们当今时代的情况相同。在如今的时代，印刷机改变了整个形势，它使得科学成为民主的东西，由人民来奖励科学家。然而在那个时代，印刷机尚未出现，一本巨著由抄书人誊抄十册、数十册甚至上百册，但终究无济于事。写书并不能发财，学者和文人的财富来源于他们与哈里发及王公大臣的关系，那些与哈里发等人不打交道或与其关系疏远者，其命运只能是贫困，除非他们有遗产。艾布·阿拉·麦阿里全年的生活费仅仅是别人赠予他的三十第纳尔。他们当中有的人被聘为私人教师，但这也只是杯水车薪。而与哈里发或王公大臣有私交的文人则生活舒适，安逸富足，无忧无虑。如伊本·杜莱布(卒于伊斯兰历 321 年/公元 933 年)，哈里发穆格台迪尔每月给他五十个第纳尔的生活费；赛弗·道莱·本·哈姆达尼每日给法拉比四个迪尔汗，因为他是一个哲学家。至于穆太奈比，他得到的钱就是数以千计了。据传述，艾布·白克尔·巴士里曾以卖染料或在店里制作染料为生，他的染料店因而成为诵经家、圣训学家聚会的场所。埃及沙斐仪派教法学家，人称“裁缝匠”的艾布·阿拔斯(卒于伊斯兰历 373 年/公元 983 年)，学富五车，精通教法，他的生活来源却是为人裁衣！他一个星期裁制一件衣衫挣一个迪尔汗两个达尼克[①]，以解决温饱。埃及有一学者也是以卖衣为生。

总而言之，学者、文人中，除非依靠富人的赞助，或靠着既非文学亦非科学的某一门手艺、生意，才能过舒适的生活，否则，便只能一贫如洗。那些心地高洁、不善阿谀的学者尤其如此，例如艾布·

① 货币单位，相当于六分之一个迪尔汗。——译者

哈彦·陶希迪。

*　　　　*　　　　*

书法的改进也是促进科学传播的一个因素。在这之前人们的书写用库法体，这种笔体烦琐复杂，字母笔画棱角分明皆呈直角形。不仅如此，这种笔体的书写规则使语义含混模糊，例如“艾里夫”[①]若作为单词中间的字母长音符号，便要省去。这种情况一直延续到伊本·木格莱(卒于伊斯兰历327年/公元938年)，他采用了一种新的书写方法，将库法体改成了小楷体，并为这种笔体制定了明确的规则。也许这正是小楷体书写简便、流传广泛的原因。

文字的传播与纸张的增多也有很大的关系。人们最初在羊皮、树皮和中国纸上写字，后来白尔麦克人加法尔·本·叶海亚鼓励造纸，因此，到了伊斯兰历四世纪，纸张已广为普及并且价格低廉。他们从埃及、撒马尔干等地运来纸张，供学者和抄书人使用。抄书在当时十分普遍，它起着如今我们的印刷厂的作用。

有的抄书人本身就是学者，是贫穷使他们走上了以誊抄为职业的道路。如雅古特·哈马维、艾布·哈彦·陶希迪。这是一项十分艰巨的工作，颇费眼睛。当初，萨西布·本·阿巴德与艾布·哈彦·陶希迪之间产生龃龉就是由于萨西布让艾布·哈彦替他将一本书誊抄多本而后者提出异议而引起的。圣训学家为了保证所抄录的圣训准确无误，往往自己承担誊写圣训的任务。

贫困使一些人迫不得已以抄书为职业，艾布·白克尔·代嘎葛当初就是以此职业养活他一家妻儿老小的。

---

① 阿拉伯语字母名称。三个柔弱字母之一，亦为开口长音符的标志。——译者

据有关艾布·扎克里亚·叶海亚·欧迪(伊斯兰历 364 年/公元 974 年卒)——一个信仰雅各派的基督徒——的传述说,他曾亲笔抄录了两套塔巴里《〈古兰经〉注释》,他一天一夜抄一百张纸。尼沙浦尔有一个抄书匠,名叫艾布·哈提姆,他在尼沙浦尔干了五十年的抄书工作。

有趣的是,据说一位抄书匠有一夜梦见世界的末日到了,他经受了审判并进入了天堂。他刚一跨进天堂之门便仰卧在地上,将一只脚搭到另一只脚上说:"感谢真主,我总算有机会休息不再抄书啦!"

本章主要参考书目

《真主的宽恕》
比凯尔:《伊斯兰文化》
乔治·宰丹:《伊斯兰文明》
《伊斯兰百科全书》
米特兹·阿代姆:《伊斯兰文明史》

第十章　艺术

各民族的艺术多受以下诸因素的影响：

(一)该民族的审美情趣；(二)效法其他民族，尤其是那些曾占统治地位的民族的艺术，例如波斯、罗马艺术等；(三)该民族所信奉的宗教，有些宗教在提倡某些事物的同时亦排斥某些事物。

阿拉伯人的文化在蒙昧时期还处于原始状态，他们过着游移不定的生活。这种不断迁徙的流动生活及这种原始的文化使他们不会享受生活，不会享用生活资料，不会注意到艺术的美。即使是他们所崇拜的神灵，如拉特、欧扎及其他崇拜物也都是十分简单朴素的。他们会崇拜一块天然的石头，他们没有艺术，甚至连"艺术"这个名词，也是从别的民族引进的。"木匠、武器、工匠"等词是借用阿拉米亚语；"书卷、窗户、手镯、铁匠"等词来自埃塞俄比亚语。诗歌里出现的艺术也是原始的，如阿慕尔·本·库尔苏姆在他的悬诗中将女人的腿比喻成大理石柱；女人的胸部像一块象牙。当阿拉伯人需要重修天房时，他们也依靠那些外族人。据说，用了一位罗马木匠，这位木匠正巧在一艘经过吉达港的船上，被阿拉伯人请去帮忙。协助罗马木匠完成整修天房工作的是一个科卜特工匠。伊斯兰教诞生之后，穆斯林征服了波斯、罗马等文明发达国家，他们目睹了这些民族拥有的各种艺术并深为感动。对享乐的追求使他们逐渐领略了这些艺术并开始模仿之，以至于他们的诗歌也受了这种艺术的影响。

*　　*　　*

阿拉伯人的征服，伊斯兰帝国的富庶，穆斯林对富丽堂皇的宫殿、嵯峨雄伟的庙宇及稀世珍宝的占有与使用，所有这些使得穆斯林自己也逐渐变得文明起来，他们开始建立各种美的艺术。倭马亚清真寺里面的装潢足以表明他们借鉴了其他先进民族的艺术。最近发现倭马亚人在叙利亚大沙漠建造的美丽宫殿，证明了他们在艺术上的巨大进步。阿拔斯时代，国力日益强盛，受艺术的影响也愈大。巴格达城的建造就是高水平建筑艺术的体现。巴格达城内，还有为哈里发、王公大臣、显赫要人建立的豪华富丽的宫殿。

富丽堂皇的宫殿里配有高贵华美的铺陈、摆设、家具、装饰。白沙尔谈到波斯国王的酒杯时说，上面画有许多装饰图案，他可以从这些绘画图案中知道杯里斟了多少酒，掺有多少水，等等。

我们知道，伊斯兰教极力反对偶像与肖像并斥责偶像崇拜者。穆斯林砸碎了天房里的偶像，绘画和画家也被视为讨嫌之事和不受欢迎者。因此，绘画与雕塑艺术在伊斯兰世界没有发挥、发展的余地。但是人类强烈追求艺术的天性又使人们总是试图找到一条借以表达与宣泄这种情绪的途径，于是我们看到穆斯林精心设计书法，以弥补禁止绘画的缺憾；祈祷后手舞足蹈地高诵真主，借以弥补禁止舞蹈的不足；以悠扬悦耳之声高声吟诵《古兰经》，作为对禁止歌唱的补偿。

我们看到穆斯林画树木、画动物，但却十分忌讳绘画人物肖像。对于造型及各种工艺等其他艺术，穆斯林是颇下功夫钻研的。

波斯、罗马等开化民族中有许多人——他们对艺术有着高雅的情趣——皈依了伊斯兰教后，开始在新的伊斯兰世界效法他们旧的艺术传统。伊斯兰历四世纪，出现了动物的立体画像，但却与自然界的实际形象相去甚远。也许伊斯兰教禁止绘画人物肖像是为了保持绝对的一神论信仰，因为人们离开偶像崇拜时代不久，而当时对英雄豪杰的崇拜曾广为流行。圣训中谈道："穆圣家里任何有十字架标志的东西都被他销毁了。"布哈里说："先知穆罕默德看到家里有画像，他便让人涂掉，之后他才进去。他看到易卜拉欣、伊斯玛仪手拿无羽箭条的画像，便说，罪该万死，他俩从未求过签。"努里说："我的一些朋友及一些学者认为，描绘动物形象是应严禁的，是大逆不道之罪，因为它无论是在衣服上、地毯上，还是第纳尔、迪尔汗上，或是器皿、墙壁上，都对人构成一种严重的威胁和恐吓。至于绘画树木、高山及其他并无动物形象的东西则是允许的。"有人说，只是禁止画那些有影像的东西，而没有影像的东西，画一画是无妨的。关于阿绮莎，圣训中有这样的记载："她挂起一块带有绘画的幔帐，穆圣进来看到后，一把扯下。她说，我把它做成了两个枕头，于是穆圣曲肱而枕之。"看来，穆圣是允许破坏带有图画的东西的，他可利用作枕头或作他用。穆圣说："天使伽百利曾对我说'我曾在夜间访你，阻止我进入你所在的房间的是那屋里的一尊人像。'"据伊本·欧麦尔传述，先知穆圣说："这些肖像的制造者在世界末日将会遭受惩罚。会有人对他们说，让你们制造的东西复活吧。"当时只允许绘画树木或其他无生命的东西。圣训还说："天使不登有狗或肖像的家门。"所有这些，都是由于害怕对画像、塑像、雕像的崇拜，尤其是人们刚刚脱离偶像崇拜时代不久。

学者对此看法不一，有的说，这种禁止是绝对的，有的则认为是事出有因，一旦原因消失了，禁止也就不存在了。

总之，这些禁令对穆斯林产生了很大影响。除少数人外，广大穆斯林都是被禁止画人物和动物的。他们只被允许描画树木和自然景色，因此他们在建筑艺术上颇有成就。他们对一些静物如文具盒、门窗、阳台等精心设计、描绘，花样翻新。尽管如此，仍有一些穆斯林擅长绘画人物和动物，就像某些波斯人那样。我曾听过一个由东方学者主持的讲座，他们谈到有一本波斯出版的绣像《古兰经》，里面有优素福等人的画像。

伊斯兰历四世纪，镶嵌工艺得到了发展，各种陶瓷、彩釉、铜、木制用具和器皿被嵌上象牙、贝壳等贵重材料，并饰以各种美丽的图画。

穆斯林认为应将被禁止的绘画解放出来，变成不受禁止的雕刻，如几何或植物的图案。这种工艺在塞尔柱王朝时期尤为发达。

许多建筑艺术中引进了装潢艺术。由于《古兰经》的神圣、尊严，许多艺术便围绕《古兰经》文本而展开。如以优美的书法将《古兰经》经文写在精美的纸上，装订考究的封面再辅以烫金或进行美术加工。另外由于宗教宣扬、赞美另一个世界的生活，人们便重视修建、修饰坟墓，并在上面建造陵园。

穆斯林用石膏雕刻来装饰清真寺的壁龛。他们在经历了伊斯兰初期简单、朴素的生活之后，生活越是奢侈，就越重视装潢艺术。我们看到他们将金子熔化作涂料，镀在铜、陶瓷器皿的表面。但是总的说来，穆斯林对清真寺的装饰，比起基督教的东正教、天主教徒对教堂的装饰来还是稍逊一筹。

阿拉伯人在摆脱了外国的影响，消化了外国人的艺术之后，在雕刻、建筑艺术上有了属于他们自己的独到的特色，他们创造了一种新的艺术。

甚至一些小艺术品，如文具盒、匕首及鞘上的刻饰、《古兰经》封面等亦都独具特色。对于阿拉伯人来说，借鉴其他民族的艺术并无害处，有害的是仅仅停留在单纯模仿上面而不去创造。阿拉伯人并没有停留，他们很快就创造了一种不同于以往各种文明和艺术的新文明、新艺术。连战胜了阿拉伯人、强迫他们服从自己的统治的蒙古征服者们也皈依了伊斯兰教，并在阿拉伯人创造的文明艺术的基础上建立了他们自己的文明。当时伊斯兰文明和伊斯兰艺术对于整个世界——无论是东方还是西方——都产生了重大的影响。这个文明的创造者是阿拉伯人还是波斯人或是西方人，无关宏旨，重要的是内容都是伊斯兰文明。阿拉伯人的功绩并不在于他们翻译和汲取了希腊的艺术、科学，而在于他们对希腊文化作了大量的增补并有所发明创造。

本章主要参考书目

朱斯塔夫·卢布恩:《阿拉伯人的文明》
舒卡尼:《愿望的实现》
奈比·法里斯:《阿拉伯人的遗产》

第十一章　商业、工业和农业

伊斯兰历四世纪，商业活动——无论是海上还是陆上——异常活跃，由此开阔了人们的地理视野。穆斯林商人信誉好，平等待人被奉为楷模。甚至妇女也投入了商业活动，据记述，在波斯北部一些地区，买卖活动是在家里进行的，做生意的正是妇女。

当时巴格达和亚历山大控制着市场和价格。犹太人以贩卖奴隶出名，他们从北部地区带来奴隶，进行奴隶贸易。商人们一般是骑骆驼先到苏伊士，渡过红海，再第二次穿过大沙漠到达吉达港；或航海到波斯湾、印度、中国；或去安提俄克、幼发拉底河流域、巴格达、波斯。经商的需要迫使他们懂得多种语言：波斯语、西班牙语、汉语。他们从各国带回当地特产，运到贫穷的国家贩卖。有的大商人为了商业贸易上的方便，想方设法接近各国国王，同他们建立联系。据传述，有些穆斯林商人曾和中国帝王有过接触。一些希腊、波斯商人则与锡兰国王进行过联系。

由于商业贸易的扩大及携带货币不仅困难而且担风险，阿拉伯人学会了支票的使用，他们称之为“苏福台斋”。[①] 纳赛尔·海斯鲁收到了阿斯旺一位商人给他的一张五千迪尔汗的支票，标明

① 波斯语，意为“支票”。——译者

由伊扎布[①]的一个代理商人代办支付事宜。支票上写着“请按纳赛尔所要求的数额支付给他并给他上账。”据伊本·豪戈勒讲述，他曾看到一个商人有一张四万两千第纳尔的支票。这说明，阿拉伯人已将支票的使用引入了商业活动。当时的兑换商、代理人起着今日银行的作用。

那时，许多著名大商人的名字被作为富足的象征。每个地区都有自己独特的商品，精明老练的商人便根据他们的经商经验，将这些商品从一处运往另一处。为了便利这种活动，各个商业区域都出现了提供住宿、休息的场所。这些地方为投宿的商人服务，也可作兵站或成为邮差的驿站。

阿拉伯人的海上活动并不亚于他们的陆上活动，由此产生了“航海家辛迪巴的传说故事”。当时穆斯林经商的最重要海洋是地中海和印度洋。他们用骆驼将商品运到苏伊士，再到希贾兹，然后到印度洋。他们乘骆驼用七天时间穿过大沙漠从海拉马到达古勒祖木[②]或红海。他们在海上航行，乘坐的是大帆船，甚至有人说，大的帆船可载几千人，船上还装着他们的商品。据说，在地中海航行的船比印度洋的船大。当时巴士拉是最重要的港口，商人们经由此处奔往世界各地。这些商人的成功激励了他们的同胞，于是很多人纷纷从商做生意以谋取利润。《一千零一夜》里充满了描写商人长途跋涉、探险、失踪的故事。当时中国和俄国为这些贸易活动提供了广阔的天地。

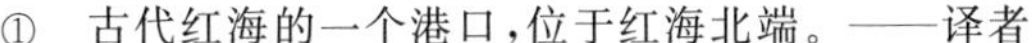

① 古代红海的一个港口，位于红海北端。——译者

② 古代红海的一个港口，位于红海南端。——译者

如此广泛的贸易活动，必然对广大人民的日常生活——经济的或社会的——产生影响。经济方面，做生意是当时许多人及他们的亲属，以及亲属的亲属财富的来源；社会方面，贸易给许多家庭带来了各种肤色、不同国籍的奴隶。奴隶对社会生活的影响是显而易见的。贸易将各伊斯兰国家紧密地联结在一起。当时几乎很少有哪条商船上没有求学的学者，尤其是圣训学家。经商使人们喜欢去冒险，并从冒险活动中尝到乐趣。他们总是刚刚结束一次冒险，生活安顿下来了便又想开始寻求新的冒险，正像《航海家辛迪巴》故事中所描绘的那样。这种贸易活动也向教法学家们提出了一些与商人有关、以前不为人所知的问题，例如我们在教法学著作中看到的对有关支票等问题的论述。

当时有些奴隶是乘商船出逃的，因而法学家们对逃奴现象多有论述。商人的贸易活动及他们的生活经历向法学家提出了一系列问题并促使他们去研究、解答这些问题。同时，商人的商业旅行也引发了一系列涉及宗教崇拜的问题。例如，他们航行到了遥远的北部地区，发现有些城市连续几个月太阳不落山，又连续数月太阳不升起，于是他们便询问在这些国家作礼拜的时辰及如何实行斋戒等问题。然而，令人遗憾的是，教法学家们并未亲身经历过引起这些探讨的历史事件，他们没有把对这些问题的研究同当时所发生的事实结合起来，而只是像谈论任何一个偶然事件一样，因而他们的论述是枯燥无味的。倘若与具体事实结合起来，其探讨肯定要有趣得多。

商业活动普遍激发了人们的独立自主意识，使他们较之那些无力养活自己，只能靠王公大臣的施舍度日的学者、文人的处境要优越得多。商人开始是白手起家的，他们通过不断的冒险，聚敛财富。有的商人赚得十几万甚至更多的第纳尔。

这是物质方面的获利。至于精神的收获，那便是领略了异国的风情、各国的宗教、不同的习俗，等等。即使满载货物的商船哪一天沉入海底也不要紧，只要人平安无恙，一切均可重新开始。人们就是以这种思维方式来对待生活的。

工业在这个时期有了蓬勃发展，如前所述，这是科学进步的结果。阿拉伯人运用他们自己发明的科学，运用他们向希腊人学到的科学以及向其他民族借鉴的经验，努力发展自己的工业。当时，大工业主要分布在伊斯兰帝国境内的各大城市，例如，纺织、造纸在埃及，撒马尔干也有造纸业；地毯制造业在法里斯，等等。埃及的台尼斯以纺织工业著名，纺织品由亚麻和丝绸制成。台尼斯的布是白色的，而也门的布则像春天的花朵五颜六色。

台尼斯有一座城市叫迪白格，那种名叫“迪白吉”的布便产于此地。一件用迪白吉布制成的衣服约值一百个第纳尔。在这里，也为巴格达哈里发制造各种纺织品。一件织衣只用两个欧基亚[①]的线，其余部分皆用金线精心织成，不需要裁制和缝纫，其价值约达一千第纳尔。伊斯兰历360年，仅台尼斯一个地区就向伊拉克出口了价值两三万第纳尔的布匹。台尼斯还出口一种质地精良、薄如蝉翼的网眼织衣，被称为金银线衣。这种金银线是彩色的，可用来作男人的缠头巾。当时，埃及妇女在自己的家里纺麻，就像瑞士人在家里制作手表一样。法里斯效法埃及制作亚麻衣衫，主要

① 1欧基亚约等于37.4克。——译者

是在卡扎龙城。他们将亚麻在池塘里浸湿，再到一条名叫里赫巴尼的河里去洗涤。这条河有一个优点，即能将麻线漂白。到这条河来洗麻线必须事先经过长官的批准。当时棉花还不十分普及。木鹿城以生产棉织品而著名。它生产比较厚的衣服，以至于被穆太奈比戏称为“猴子的衣服”。丝绸工业已传播开来，那时最大的一家丝绸厂在法里斯，是波斯人从罗马人手中接管过来的。呼齐斯坦亦盛产丝绸。伊拉克的希拉城以生产铺地用的装饰毯而驰名，这项工业也是向罗马人学的。而草席制造业则遍及整个伊斯兰帝国。

埃及人用纸草制草席，同时埃及的蔷薇水制造业也很著名。朱尔城的蔷薇水制造业闻名遐迩，因为它是著名的大马士革蔷薇产地。产品从朱尔运到摩洛哥、安德鲁斯、埃及、也门、印度、中国等国家。伊斯兰历四世纪，工业的进步还体现在阿拉伯人发现了水的力量，他们用水力推磨，另外，巴士拉人利用海水的涨潮退潮原理制成了磨粉机，因为他们一天一夜可见到两次退潮、涨潮。涨潮时，水流入大河；退潮时，水又流走。他们便将磨粉机建在河流的入口处。那些没有河流的地方便用牲口推磨。

摩苏尔的磨粉机十分有名，它是用木头和铁制成的，每一只磨盘被称作“一只车轮”。有些磨粉机的开动借用风的力量。人们通过窗户的开、关来调整风速。埃及人向中国人学会了造纸，并将桑叶等悬浮物加以提纯，从而使造纸业更前进了一步。造纸业在大马士革、塔巴里耶、的黎波里、撒马尔罕等地流传开来。如果没有丰富的纸张，便不会出现伊斯兰历四世纪这一时期如此广泛的科学传播。哈兰以天文仪器，如星盘制造业及精密衡器制造业著名；

耶路撒冷由于游客甚多，故念珠制造业十分发达。

*　　　*　　　*

农业在这个时代也取得了长足的进步，整个伊斯兰世界甚至可以自给自足。伊拉克盛产小麦，印度出产大米，巴勒斯坦和埃及产芋头。各地的葡萄种植业都很发达，葡萄种类繁多，每个地区各有自己的优良品种，如也门的葡萄便很有名。当时有两大水果最著名：佛手柑和酸橙。这两种水果在当时十分罕见，是从印度带到阿曼、巴士拉、伊拉克和叙利亚的。西瓜产地以法里斯北部地区最为著名，那里的西瓜品种优良，因此多被晾成西瓜干运往伊拉克。石榴的产量也不断增加。当时最好的水果要属叙利亚苹果了，其味道甘美，有口皆碑。赛阿里布在他的《百科趣闻》一书中讲到，当时每年要给哈里发运送三万只苹果。伊拉克、希贾兹、埃及的椰枣闻名遐迩，每年有大量出口。埃及人用甜菜和大头菜根提炼出灯油，被称为"热油"。为了满足人们对食糖的需要，这种甜菜当时在各地大量种植。他们制作果酱、干果和腌鱼。饭后，食用一种在绿泥中生长，从尼沙浦尔带来的甜菜，他们称之为"饭后甜点"。这种食品在埃及一磅卖一个第纳尔。

总而言之，当时的农业、工业、商业是互相合作、互相补充的。由于人口众多，这三个方面在当时都得到了发展，其发展程度，甚至有些令人难以置信。农业，也许是东方唯一至今未变的因素，人们仍在使用如扬水车、桔槔等古老的当初古埃及人使用的农具耕作。商业、工业较前已有了巨大的变化和发展，但农业却没有变化，只有极少数人开始使用新式农具。

本章主要参考书目

米特兹:《伊斯兰文化史》
朱斯塔夫·卢布恩:《阿拉伯人的文明》
乔治·宰丹:《伊斯兰文明》
麦格迪西:《各地区域的划分及情况指南》
德志维希:《地理辞书》

第十二章　司法与行政

当初，大法学家都厌恶在司法界任职。据传述，马立克和艾布·哈尼法就不愿承担法律责任，害怕出现哪怕一丝一毫的偏袒与不公正。法学家在司法界任职，不是出于无奈，被迫上任；就是贪图钱财，私欲战胜了责任感。伊斯兰历四世纪及之前一段时期内，最大的社会弊病是总督与法官的权力混淆。双方都欲扩大自己的权力范围，因而时常发生冲突。例如，一个女人嫁给了一个与其地位不相称的男人，像阿里长老与萨达特之女的婚姻，女方的监护人不承认这门婚事，要求法官解除婚约，但法官拒绝了，女方的家人便找到了埃米尔。埃米尔下令让法官解除婚约，但仍遭到拒绝，于是，埃米尔便把二人强行分开了。这类事情发生的原因在于行政权与执法权混淆不清，没有各自独立。当时法官是由哈里发授予权力的。许多法官不仅有声望而且颇具权威，需要的时候，他们甚至可以让总督出席审判。据传述，伊本·哈莱白维法官（伊斯兰历 339 年就任）是最后一个让埃米尔出席审判的法官。埃米尔到场时，他并不起身示敬。他廉洁、清高、正直，甚至有这样的故事：总督穆厄尼斯病危弥留之际，派人去请法官，证明他立下了为某项福利事业捐款的遗嘱。法官说，我只有确认他是自由人才能答应他的要求。于是，他向哈里发穆格台迪尔写信询问穆厄尼斯

是否已被释放，成为自由人，哈里发作了答复。法官坚持让两位公证人证明是哈里发的亲笔信方采取行动。这位伊本·哈莱白维在当时是法官的楷模，他在众人面前从不作任何有损尊严的事。他不受任何一个教法派别的束缚，而是依靠自己的判断。这个时代的大法官还有巴格达法官艾布·哈米德·伊斯法拉伊尼（卒于伊斯兰历 406 年/公元 1015 年）。他曾写信给哈里发说："你当明白，你没有能力免去至尊的真主委以我的重任，而我却能够写上只言片语便将你的哈里发职务罢免。"有些法官权力之大甚至能够下令将埃米尔或大臣拘禁起来。这个时代最著名的法官是巴士拉法官艾布·哈桑·本·谢瓦里布，他是一个正直而又威严的法官，卒于伊斯兰历 399 年/公元 1008 年。

那时，阿拉伯人还不懂得法庭审判，但他们却知道审判应允许广大民众参加。当时，法官端坐在清真寺里，或坐在清真寺的门口，或坐在法院里。打官司的人走上前来，举着一张纸，上面写着原告和被告的名字，这在今天被称为"诉状"。他们把诉状交给书记员，如果法官已到，便递交法官审阅。法官当即对诉状作出裁决，或对其中一部分作出裁决，将其余部分推迟至次日。据传述，易卜拉欣·本·哲拉哈当时为埃及人所厌恶，因为他是在家里审理案件。哈伦·本·阿卜杜拉接任埃及法官后，冬天在清真寺过厅里进行审判，他倚着墙，背对着礼拜的正向；夏天，他在清真寺正堂内进行审判。这种情形一直延续到伊斯兰历三世纪中叶，哈里发穆耳台迪德禁止法官在清真寺内办案，但这个禁令并未被彻底执行。艾布·阿拉·麦阿里痛恨当时法官们的行径以及那些被称为"全权证人"的作证者，他在许多诗中表达了这种憎恶的情绪。

*　　　　*　　　　*

当时，法官们十分不情愿以法官身份领取薪金，因为规定给他们的薪水实在太少。伊本·侯哲伊莱在埃及每年领取二百个第纳尔的薪金。另一个埃及法官阿卜杜·拉赫曼·本·萨里姆每月薪金是二十个第纳尔。有些法官为了过上体面的生活，除了他们的本职工作外还兼做生意。阿拔斯人提高了法官的薪金。例如，阿卜杜拉·本·莱希阿法官每月的工资是三十个第纳尔。到了麦蒙时代，他将法官法都勒·本·加尼姆的工资提高到了每月一百六十八个第纳尔。航海家纳赛尔·海斯鲁说："埃及最高法官的月工资是二千第纳尔。"如此等等。

后来，随着时代的变迁，法官的地位不断下降，人们很少再看到像以前那样令人尊敬、严肃而有威望的法官了。

至于行政事务权，最初是由哈里发执掌的。后来，哈里发的地位一落千丈，大臣们挟持、主宰着哈里发。同时，哈里发的文化素质也下降了，因为大臣不愿哈里发是一个有文化、有知识的人。据《百科知识》一书的作者记述，大臣艾布·艾哈迈德·阿拔斯·本·哈桑一次外出，随同者是管理各行政机关的四大书记官之一。于是大臣与他商量继穆耳台迪德之后的哈里发人选问题。大臣想让伊本·穆耳台兹出任哈里发，书记官回答道，不应选择熟谙事理、精明老练、接近民众、经验丰富的人作哈里发。大臣点头称是，问道："依你之见，举荐何人为宜？"书记官便向他推荐了加法尔·本·穆耳台迪德。他说，加法尔年幼无知，最大的快乐就是离开书籍玩耍嬉戏。于是，大臣便立伊本·穆耳台迪德为哈里发的继承人选，其时年方十三岁。大臣们甚至专门搜集一些消遣性强、毫无教育意义的书籍，供哈里发候选人阅读，例如《航海家辛迪巴游记》、《一千零一夜》之类的故事书。对那些受过良好教育的哈里发，大臣们是深恶痛绝的！由此，执政者为无能之辈便不足为怪了。当时行政机构繁多，每个部门都有自己的管理机构，直至穆耳台迪德将这些部门统一为一个机构，称之为"行政院"，下设三个分支机构，分别管辖东方、西方和伊拉克三个地区。当时，正义得不到伸张，因而查抄抢掠、甚至草菅人命事件屡屡发生，多不胜数。任何人都无法保障自己的财产及生命安全，甚至连哈里发本人也不例外。哈里发家产被查抄，财富被掠夺，眼珠被剜掉的事例屡见不鲜。有的行政机构如司法部门，在向哈里发缴纳了一定的税金之后便无所顾忌，为所欲为；对下更是以势压人，欺凌迫害。这种情形在当时极为普遍。

*　　　*　　　*

政府机构中有权有势的人争先恐后地捞取各种头衔。在这之前，人们之间书信往来的习惯是直接写明由某人写给某人。到了伊斯兰历四世纪初，诸大臣及达官要人之间书信往来，开端便以"我的先生"、"我的主人"作为称谓。伊本·赛阿丹给伊本·阿巴德大臣写信时，称他为"尊敬的主人"，而萨西布写给伊本·赛阿丹的信则用了"教授、我的主人、我的领袖"的称谓。此后尊称、别号日渐增多，以至于花拉子密说，从未有人像阿拔斯人这样滥用尊号、头衔。哈里发手中的迪尔汗日渐减少，因为钱都让他的臣民用在谋取尊称、别号上了。

人们给法官马乌尔迪冠以"至尊的法官"的头衔。后来，各种尊号不断增加，名目繁多，有的用了突厥人的称谓。尊号泛滥成灾,以致失去了原有的意义。

*　　　　*　　　　*

当时的财政管理极差,因为这是一个十分敏感的领域,一分钱就可以决定它的兴衰命运。这是由于财政收入情况极差,主要靠查抄、没收财产度日,这一点我们已在前面论述过。支出情况也不佳,大笔开销花费在无度的挥霍、奢华的铺张上面。当时财政的征收既不公正,也不精确。一些历史家向我们透露,有些地主将他们的土地形式上出卖给王公大臣的子女,以减少对他们的征税。国家预算每况愈下,入不敷出。根据我们现有的资料以及著名大臣阿里·本·耳撒的估计,穆格台迪尔时期,国家的预算约达一千四百五十万一千九百零四个第纳尔,哈里发穆格台迪尔把这些钱全部花掉了,他还耗费了前任诸哈里发留给他的钱财。这是因为兵士众多,骚乱迭起,他们不断要求增加薪饷,致使哈里发不得不变卖了他的庄园、家具及一些金制器皿。伊斯兰历361年穆帖仪哈里发当政时期,国家金库匮乏到了极点,以至于哈里发变卖了他的衣物和房宅,以偿付士兵在巴格达动乱中提出的四十万迪尔汗的数额。国家收入匮乏的原因在于许多小王国纷纷脱离了阿拔斯帝国,获得了独立,例如非洲、呼罗珊地区、埃及、波斯、河外地区等。这些小国原来都是向巴格达交纳大量金钱、贡赋的地区。到了我们所述的这一时期,人民疲于交纳名目繁多的租税。从麦蒙时代起,哈里发们开始降低租税,人丁税也减少了,因为人们大批地皈依了伊斯兰教,而这本来是国家财富的一个重要来源。在那个封建、暴政的时代,哈里发及其亲眷的恣意挥霍更加剧了经济形势的恶化。哈里发及王公大臣沉湎于女色,占有各色人种的女奴;他们

享用绫罗绸缎及银线做成的各种豪华铺设；他们大兴土木，修建花园、宫殿、城市；他们效法波斯人讲究吃穿，举办各种家庭宴会。享受荣华富贵的不仅仅是哈里发和他们的眷属，侍卫官甚至仆从也都奢侈挥霍。据《传闻》一书的作者叙述，穆斯台因之母有一块地毯，做工费据说花了一亿三千万第纳尔（此数字有误），上面绣着各种飞禽走兽的图案，它们的身躯是金制的，眼睛用宝石制成。有传述说，某位诗人赞美了一位妇人，她便赠给他一颗价值两万第纳尔的珍珠。咏赞美诗的诗人所得酬劳甚丰，《诗歌集》的作者对此作了描述，他在书中提到的馈赠数目之大，简直令人难以置信。

大臣、法官、军官们亦得到了大量的金钱馈赠。伊斯兰历四世纪初，埃及总督侯赛因·本·阿里·马兹拉尼的俸禄每月高达三千第纳尔。哈里发为他们自己及其亲眷规定的数额就更高了，尤其在他们丧失了政治权力，被突厥大臣玩弄于股掌之间以后。

固然，财政管理一旦出现混乱，其他一切领域也会随之出现紊乱：科学、贸易、农业、工业，等等。然而令人惊异的是，此时期的科学却得到了繁荣发展，甚至达到了它的巅峰，与此同时，财政制度却混乱不堪。这说明政治衰败、财政瘫痪，但科学却欣欣向荣的局面是可能出现的，因为政治与财政紊乱、衰败的后果得在相当长的一段时间之后才表现出来。

当时，邮政局是重要的行政机构之一。穆斯林从倭马亚时代起就十分重视邮政事业，阿拔斯人亦不例外。当时邮政局担负的任务比我们今日的邮局业务多，它起着当今情报局的作用，因为邮递人员肩负着向哈里发通报各大总督一切行动的重任，以便使哈里发能事有准备。据说，第一个脱离阿拔斯王朝，并建立了塔希尔王国的呼罗珊埃米尔塔希尔，在聚礼日的演讲中没有为哈里发麦蒙讲赞词，邮政局长向他指出了这一点，他连忙道歉，表示自己的疏忽，并再三请局长不要向哈里发禀报此事。局长对他说，商人们的信函不断送往巴格达，如果这消息不是通过我而传到了哈里发耳朵里，我的生计可就保不住了。于是塔希尔说，既如此，你如实写吧。当时，哈里发从不怠慢邮差，哪怕是半夜三更，邮差到了，哈里发也要起身面见。因为他们知道，在事情初露端倪之际主动采取措施远胜过消极等待、听之任之。难怪曼苏尔说："我多么需要身边有这样四种忠贞不贰的人：第一是法官，公允正直，为了真主，不计得失；第二是警官，扶弱抑强公正待人；第三是税吏，体察民情，不向百姓施虐；第四是邮差，忠实地报告各地官员的情况。"正因如此，各地方长官对邮差皆怀恐惧之心，把他们视为哈里发派来监视自己的坐探。有时，哈里发为自己和邮差设计一些象征性的符号，颇像今日的密码，以防信件落到地方长官手中泄露了机密。这类是与哈里发有关的邮政业务。还有人民大众之间的信函通讯。有时，有些人选择邮差出发的时机与他同行，因为这样就安全得多。邮政局的年度预算有时达到十五万九千一百第纳尔。

至于邮政工具则是多种多样的：

（一）骆驼和马。也许那时所谓的骆驼指的是单峰驼，因为它的行走速度快。一般一个邮递队伍由四十或五十头骆驼组成。各地都修有邮路网，犹如今日的铁路网。

（二）海上行船。也许海上与陆上的邮路同时并用。

（三）步行疾走的邮差。尤其是在一些大城市，例如巴格达。

（四）信鸽。邮差训练鸽子按指定地点飞行，送信时将纸片捆在鸽子身上。

（五）有时采用射箭的方法。在箭上捆住一截装有信件的芦苇，然后射出去；对方接到信件后，也用同样的方法回信。

（六）有时利用河流，将装有信函的皮囊放入河中，上面写着收信人的名字。

邮差不仅负责送信，有时还奉命给哈里发带去他所需要的人。送信的牲畜的脖颈上拴着链圈和铃铛，城里的人远远便能听见，知道是送信的驼队到了，人们称这铃声为“邮递之鹊”。当时整个邮政路线分成若干段，每一段都有驿站供送信人下榻、休息。这些邮递线路一直延伸到伊斯兰帝国的边陲地区。

邮政业务为伊斯兰帝国立下了丰功伟绩。如，使哈里发有所准备地镇压叛乱，制止骚乱的发生，等等。邮政部门还经常帮助学者们辗转于各地求学授课，历史上此类事例甚多。

此外，还有一些工人专门负责保护邮路的畅通，提供马匹、骆驼。有卫士保护邮路的安全，防止拦路抢劫及偷盗。

本章主要参考书目

肯迪：《总督与法官》
伊本·艾西尔：《历史大全》
伊本·召齐：《行政制度》
伊本·赫勒敦：《历史绪论》
乔治·宰丹：《伊斯兰文明》
米特兹：《伊斯兰文化史》

结　束　语

综上所述，可以看到伊斯兰历四世纪的学术活动达到了繁荣昌盛的巅峰，这在伊斯兰历史上是空前绝后的。我们看到，当时已知的每一门学科都有学者进行研究，加以发展。但除了少数与王公大臣交往甚密者以外，大多数学者命运不济，过着凄苦贫寒的生活。我们看到，尽管国家政治衰微破败，科学却并未受其影响。当时，科学与政治就像天平两边的秤盘，科学这边沉下去了，占有优势；政治那边却轻扬起来，处于劣势。究其原因，也许是政治的衰弱需要相当长一段时间后才在公共生活中显露的缘故。故而，在伊斯兰历四世纪之后的几个世纪中，政治对科学所产生的消极影响十分明显。政治在当时并未对科学的发展产生直接影响或许有两方面的原因：一方面，学者看到了政治的腐败、残酷、暴虐、无道，便对之产生了厌恶情绪，于是他们潜心钻研科学，把做学问当成了安全的避风港。他们中有的人对结交权贵十分反感、嗤之以鼻，唾弃那种巴结逢迎君王显贵的行为。他们宁愿过贫寒而淡泊的生活，不愿养尊处优却又提心吊胆。另一方面，王公大臣把学人才子作为装点本国门面的装饰品，于是便有人趋之若鹜，以学问知识接近王公贵族，从中捞取实惠。因此，对王公大臣无论是有意疏远，还是一味逢迎，都成为当时学术发展繁荣的原因。

我们看到这个时代苏菲派神秘主义得到了发展并不断兴盛、壮大，这是由以下原因造成的：

（一）随着时代的发展自然发展而成。

（二）社会的腐败使一些人厌弃红尘而追求真主和来世。

（三）教法学家对苏菲派的责难、统治者对苏菲派的惩处——我们已看到古拉姆·哈利勒和哈拉智的遭遇——导致了苏菲派的受压，而人们往往是同情被压迫者的。某种思想一旦受到了迫害，其迫害本身就说明该思想是有生命力的。

我们还看到了这个时代派系林立，分歧丛生，如教法学派之间的分歧、什叶派与逊尼派之间的摩擦，教法学家与苏菲派人之间的歧见，圣训学家与哲学家之间的争论，等等。这些分歧、摩擦导致了一种奇特的学术发展现象，即各派竞相用各种手段武装自己，以击败对手。

也许这正是希腊哲学在穆斯林中广为流传的原因之一，因为希腊哲学的逻辑思辨是人们用以武装自己的最有力武器。

可以说这个时代是伊斯兰学术的尾声。固然，在这之后也仍有学术出现，但那只不过是伊斯兰历四世纪学术的重复而已。

之所以如此，大概因为在这个时代，创制之门被封闭了，代之而来的是表现在各门学科、各种学术上的停滞与僵化。学者们普遍悲观失望，声称今不如昔。或许长期以来政治上的腐败也是一个原因，政治衰败的消极作用已波及到了学术。接着，鞑靼人的迫害开始了，于是这场学术运动的残余也被扫荡殆尽。

令人遗憾的是，学术鼎盛时期的学者们都把自己的内心世界掩藏了起来。面对强悍者的暴戾恣睢，他们没有献身精神，不能勇敢地伸张正义，而是听之任之，随其逞凶。对暴虐者的暴行，文学家们不但不予以揭露、鞭挞，反而为其高唱赞歌。他们没有感觉到，对残暴者的无道行径，他们自己也是有责任的。一向被公认为敢于直言真理的苏菲派人亦将他们的真实观点隐藏了起来，面对纷繁复杂的大千世界他们索性逃之夭夭。那些劝诫讲道的人只是告诫人民忍受压迫，却从不规劝暴君放弃暴政！……

当时人们对于无道与正义的感觉是麻木的，甚至把无道视为美德。我们看到著名语法学家宰查只向诉讼者索要钱财，否则状纸便交不到大臣手里。而他这种勒索正是得到了大臣的首肯，但人们却把他描绘成公允虔敬的正人君子。诗人如得到了君王的赏赐，便为其大咏颂诗；反之，便大作讽诗。极少有谁真正为某个君王的正直而歌颂、为某个君王的昏庸而嘲讽。他们的颂诗和讽诗千篇一律，适合任何一个歌颂或嘲讽的对象，因诗中没有对被颂或被讽者的细腻的心理分析。

人们敬重学者，只因他两袖清风，一尘不染，并非因他为人民谋求利益，或因他替人们揭示苦难。

一言以蔽之，倘若学术当初沿着它在伊斯兰历四世纪所行的轨迹一直走下去，那么我们今天看到的将会是另一幅图景，我们会有许多发明家、创造家。然而，僵化加上无道扼杀了人们的心灵，这就使得觉醒变得十分艰难。

另一大憾事是，人们往往热衷于纯理论的研究，却忽视了实践经验的探索。例如，法拉比的哲学一味探求形而上学、玄学之类的东西，而类似伊本·海赛姆的创造发明却近乎绝迹。

文学被框入固定的模式，这就是辞藻艳丽，华而不实，空洞无物。面对前人的创作方式,他们止步不前,对韵律、格式等毫无创新,只有那几种庸俗的体裁除外,例如艾布·努瓦斯创造的描绘娈童之美的恋歌,伊本·哈查只和伊本·苏凯尔所提倡的下流放荡之诗以及白迪阿·宰曼·海迈扎尼和哈里里发明的韵文故事,其主人公时而是伸手乞讨的流浪者,时而是狡诈、投机的魔术师。

圣训学家的学风在各个领域都占有优势,形成了有利亦有弊的局面。其优点在于传述准确,对传述家有所品评,并重视追根寻源和修辞隐喻;其弊端在于依靠传统的传述而不依靠理性,神化书本内容甚至曲解著者原意。这种学风一直在帝国东部各个地区盛行,甚至整个伊斯兰世界,多少世纪以来,始终在吸吮着伊斯兰历四世纪的科学、文化之营养,遵循着当时学者们的学术方针。

由此可见,阿拉伯学术,或曰伊斯兰学术在伊斯兰历四世纪达到了顶峰。这种现象足以证明我们前面所阐述的道理是千真万确的,即,科学不一定随着政治的兴衰而兴衰:也许政治是兴盛发展的,而学术却衰弱落后;反之亦然。兴盛发展的原因包括以下诸因素:

(一)各种学术、文化的融合只是到了伊斯兰历四世纪才臻于成熟。

(二)伊斯兰学者在伊斯兰历四世纪找到了适宜的学术土壤,他们自然要在上面建造他们的学术大厦。

(三)穆阿台及勒派是一个严肃的、思想性强的学派,它的思想于伊斯兰历四世纪结出了硕果。然而遗憾的是没过多久,穆阿台及勒派便开始黯淡,科学便开始走向衰落,这也有一系列原因:首先是鞑靼人的入侵以及随之而来的破坏,以致生灵遭涂炭,书籍被投入大海。其次是创制之门被封，因为学者看到自己无能为力达到前人所达到的水平，他们希冀的只是沿着前人的道路循规蹈矩。第三，穆台瓦基勒及其后的哈里发们对穆阿台及勒派进行了迫害，致使他们销声匿迹。穆阿台及勒派曾大力提倡自由、理性、摒弃神话与幻想，但是，宣扬传统的传述方式、拘泥于教条的圣训学派战胜了他们。第四，突厥人占了优势。可以说他们是一个没有文化，也不提倡文化的民族。以往的各个时代，学者、文人总是依靠那些对他们的学术、文化能够理解的王公贵族，一旦哪个君王不能理解文化与学术，便不再鼓励学者们在学术上有所作为。因此，大约从伊斯兰历四世纪末起，学术便处于茫然的状态，最好的例证是那些百科辞书，如《省道志》、《夜盲者的曙光》、《文苑观止》[①]等，全是些大同小异的拼凑，没有任何创新。

我们注意到，文学较之精确严密的科学来说，发展成长得要快。在由来已久的政治混乱已产生了它的作用和结果之时，文学却正在进入它的极盛时代。蒙昧时期，文学主要体现为一种形式，而不在于它的内容；倭马亚王朝时期，文学更多地是为派别服务，而不是民族的文学；接着是阿拔斯王朝的前期和后期，波斯词汇、印度词汇及希腊哲学进入了阿拉伯语，成为文学的宝贵营养。伊本·穆加发、查希兹等文坛巨擘相继出现，赋予文学以实际的内容并使它有了自己的形式；白沙尔、艾布·努瓦斯等诗人忠实地呈现了美好的社会生活，而不是陈旧的蒙昧时期的生活，从而为后来的

① 这三本书里第一本为地理辞书，有若干作者著有这类书籍，皆取此名。第二本书为盖勒盖山迪所著，该书为地理、历史辞书。第三本书涉及文学、历史、地理、天文、动物、植物等内容的百科全书，其作者是艾哈迈德·努韦理。——译者

诗人开了先河。到了伊斯兰历四世纪，所有这一切皆已臻于成熟：作家、诗人们将崭新的词义引进了崭新的文学之中，散文、诗歌基本上真实地反映出了这种革新。同时，这个时期国家财富充盈，生活舒适安逸，这对文学也产生了影响。为了迎合奢侈者的口味，文学被矫饰打扮，原本以天然审美情趣为基础的文学批评变成了一门有各种规则的知识。伊斯兰历四世纪结束了以质朴和灵感创造文学的时代。

读者一定读过不少文学家的传记，看到他们是如何遭受迫害的，因为他们曾支持布韦希人，当布韦希人的对手取胜后，他们便遭罹了种种骇人听闻的迫害与凌辱。政治风云曾使大哲学家伊本·西那东躲西藏。当时，连哈里发和王室成员尚且有遭杀戮、剜眼之厄运，或流落街头，沦为乞丐，在清真寺门口行乞讨饭，遑论学者和文人？这些文人学子倘若生活在一个安定宁静的环境里，他们的学术作品将会更出色，人们的受益亦会更大。然而一系列的政治动乱打乱了学术与文化的发展进程，学术与文化一直处于休眠沉寂状态，直至复兴运动开始。甚至可以这样说，即使我们失去了从伊斯兰历五世纪直到复兴时代这段历史时期的文化成果，也并没有损失掉什么。

学术与文学一般是最需要安宁的心境、舒畅的心情和稳定的生活的，这三个因素不具备，学术与文学便不能获得发展，亦无望取得成果，正如娇嫩的鲜花，如不及时浇灌，或经历了暴风雨的侵袭，就会枯萎、夭折。

这个时期涌现出了许多鼓励学术运动的王公大臣，或是因为他们本身对科学的爱好，或是由于他们视学者为提高自己身价的装饰品。阿拔斯王朝前期，巴格达是唯一的学者、文人、诗人荟萃之地，因它是整个伊斯兰世界的首都，任何一个地区的学者欲扬名天下，都只能到巴格达获得这种名声。

伊斯兰世界分化为若干小国后，首都增多了，学者的旅行跋涉也增多了。有的人去了开罗，有的人去了阿勒颇，还有的人去了赖伊、设拉子、巴格达或其他地方。这些城市皆以其对学者的吸引力同其他城市展开竞争。这个时期在爱才重学方面，著名的埃米尔有伊拉克的布韦希人、埃及的法蒂玛人、阿勒颇和阿拉伯半岛的哈木丹人以及河外地区的萨玛尼人等。所有这些埃米尔皆竭力拉拢文人墨客，并为阿拉伯的学术和文学作了大量投资。布韦希人甚至不顾他们的波斯血统，大力提倡阿拉伯文化，其热心甚于提倡波斯语和波斯文化。令人惊异的是，他们竟把辩才作为担任大臣的一个条件，因为当时文学家就是政治家，他们接受的是政治和文学并容的教育。那时，政治不像今日，已成为一门学科，而只能凭本能去感受，从经验中体会，从史籍中受益。因此，我们看到著名的大臣如伊本·阿米德、穆海莱比、萨西布·本·阿巴德以及开罗的雅各·本·吉尔斯等，都是文人、学者，在他们的书籍、信函中可看到许多政治常识。伊本·阿米德是一位大作家，他在文学上自成一派，这就是著名的以押韵、对偶等手段为基础的修辞主张。同时，他在政界也颇负盛名。市井平民与莘莘学子纷纷从各地投到他门下，听他口传亲授。他为文学家们列出了一些题目，成为他们写诗的题材。大臣穆海莱比当初何等贫困潦倒，他在诗中写道：

假若出卖死亡，
我愿将其买去。

现世的生活，
丢弃亦不足惜。
甜蜜的死亡一旦来临，
令人憎恶的生活便会与我脱离。
我已远远望见坟墓，
它正是我的归宿地。
仁慈而又坚强的自由之魂，
将死亡施舍给了它的兄弟。

*　　　*　　　*

由于伊本·阿米德文采出众，故得以就任大臣之职，过上优裕舒适的生活。他常为文人学子举行聚会，艾布·法拉吉·艾斯法罕尼便是其中一常客。

萨西布·本·阿巴德既会吟诗又兼作批评，他领导了一个轰轰烈烈的思想运动。出于对科学与文学的热爱，他每年向巴格达寄送五千第纳尔，分发给文学家和教法学家。他曾渴望控制伊拉克，因此他让艾布·易司哈格·萨比书写文件。伊本·萨阿丹曾任萨姆萨姆·道莱的大臣，偏爱哲学甚于文学。他的伙伴有艾布·哈彦·陶希迪。他曾向艾布·哈彦·陶希迪提出关于灵魂及灵魂永存之类的问题，证明他具有哲学头脑。他以自己的学术伙伴自豪，认为他们胜过穆海莱比的清客。他的伙伴有哲学家耳撒·本·宰尔阿·纳赛尔、书记官伊本·欧白德、诗人伊本·哈查只、工程师艾布·沃法及米斯凯韦、艾布·嘎希姆·艾赫瓦齐、白赫拉姆·本·艾尔达西尔等人。他说："这些人在伊拉克是圣贤之才、智慧之师，出类拔萃，无与伦比。伊拉克若没有他们，便会丧失机敏的哲理和璀璨的文化。而伊本·阿巴德则只有一些专事煽风点火、挑起事端的辩论家做他的朋友。”[①]

萨布尔·本·艾尔达西尔是布韦希人白哈·道莱的大臣，他曾是一位颇有见地的书记官，他同苏拉密、拜布阿、纳米、哈提米等大臣一样，收集了许多诗歌。

* * *

奇怪的是，这些布韦希人都以残暴无道、搜刮民财、掠夺成性而出名，以至于我们手中现有的来自布韦希时代的信件充满了对暴政的控诉。例如，萨比在谈到布韦希人布赫梯雅尔时说：“他良莠不分，回避改良，挥霍钱财，使国家遭受灭顶之灾；他对下属粗暴蛮横，强施苛政；他损害国家，排斥异己，杀戮同仁，勒索无辜；他品行恶劣、为政昏庸，以致任用劣迹昭著的穆罕默德·本·白吉耶为书记官。”这一番形容适用于大多数布韦希人和他们的走卒。

艾布·白克尔·花拉子密形容哈基姆的品行时说：“他向我们实施暴政，搜刮民脂民膏，手段残忍，无所不用其极；他使富人变成了穷人，穷人走投无路；地主丢弃庄园，农民放弃土地，致使田地干涸荒芜，牲畜骨瘦如柴；他涂炭生灵，毁灭国家甚至毁灭了神圣的崇拜，人们纷纷弃绝红尘，追求来世，……凭真主起誓，那些扑杀绵羊的恶狼、那些夏日藏在织物里的蛀虫与他相比，都算得上是廉洁、善良的好人了。”白迪阿·宰曼·海迈扎尼在形容一法官时说：“真正的男人啊！你们到哪儿去了？当法官的都是些受人唾骂、被人看不起的人，对于那些专咬孤儿衣物的蛀虫、那些专吃禁地庄稼

① 参看艾布·哈彦·陶希迪：《慰藉与温馨》、《友谊与朋友》。——译者

的蝗虫、那些专门偷盗宗教基金的窃贼，你们作何感想？”如此等等，不一而足。

尽管如此，布韦希人也给学者以大量的捐助，他们既是掠夺者又是馈赠者。

现在我们抛开伊拉克及周围的布韦希人，看一看开罗的法蒂玛人。他们对科学与文学给予了大力的支持。这位哈基姆哈里发建造了“智慧宫”，这里的学者们勤奋地钻研每一门学问。法蒂玛人的大臣雅各·本·吉利斯是个犹太人，皈顺了伊斯兰教。伊本·罕里康谈及雅各时说：“他钟爱有识之士，每逢周五，晚上便安排一次聚会，他在会上向人们朗读自己的作品。出席他的聚会的有诵经家、教法学家、语法学家及国家知名人士。聚会结束时，诗人们起立为他吟诵颂诗。他在家中供养着一批文人、学者，有的抄写《古兰经》，有的抄写圣训、有的撰写有关教法、文学甚至医学的书籍。他每天备置饭菜招待这些文人。”法蒂玛人建立了流芳百世、盛名不衰的艾资哈尔大学，便是他们重视科学的最好例证。

这位是阿勒颇和阿拉伯半岛上的赛弗·道莱，他的聚会吸引了众多的诗人、文豪，还有一些哲学家和法学家如法拉比和伊本·哈里维。

赛弗·道莱与布韦希人一样，也很暴戾。他的法官实施的暴政得到了赛弗·道莱提供的种种方便，以致这位法官说道：“赛弗·道莱操着每个人的生杀大权。”赛弗·道莱也是一个掠夺者兼馈赠者，他没收别人的财富赏赐给穆太奈比等诗人，让他们为自己涂脂抹粉、歌功颂德。有一种说法真实地描述了这种现象：“但愿无人为他粉饰，也无人受他施舍。”

基于以上诸种原因，伊斯兰历四世纪造就出了活跃在学术界各个领域的一大批学者，例如，教法学家易卜拉欣·麦鲁齐、古杜里、塔哈维·本·赛里吉；圣训学家达尔古提尼、尼沙浦里；语法、语言学家艾布·阿里·法里西、伊本·杜莱德、奈哈斯、伊本·法里斯、伊本·金尼、宰查只、伊本·杜鲁斯图维和伊本·塞拉吉；诗人穆太奈比、艾布·菲拉斯、纳希厄、纳米、伊本·哈查只、伊本·苏凯莱、伊本·塔巴塔巴、两位哈里德等；文学家艾布·希拉勒·萨比、花拉子密、哲哈兹·白尔麦吉、白迪阿·宰曼·海迈札尼、阿里·本·阿卜杜·阿齐兹等；历史学家塔巴里、伊本·祖拉格、沙布尔提、穆赛比希等；地理学家伊本·金扎拜、伊斯泰赫里；书法家伊本·穆格莱；教义学家朱巴伊、艾布·哈桑·艾什阿里、凯比、白尔希；演说家伊本·奈巴泰。如此众多的学者、活跃的学术活动、丰硕的学术成果，在我看来，任何一个时代不能与之匹敌，直到复兴运动——同外国人接触、向在科学、艺术、文化等方面都有别于伊斯兰文明的西方文明学习的结果——的诞生。我们汲取了外国人的知识，借鉴了他们的经验，我们的视野变得开阔了，我们开始以新的眼光对我们的传统文化进行甄别、批评，我们面前有了两种不同的文明。从现代科学的意义上讲，似乎西方文明更具广泛的科学性。因此，东方的学术生活开始重新起步，它的面前既有丰富的伊斯兰文明，又有丰富的西方文明。

细心的观察者会发现，我们向西方文明学习了大量科学和技术发明，又保留了伊斯兰的精神、风格及苏菲主义等方面的内容。实际上.我们正在奉行当年亚历山大的政策：他借鉴了东方的宗教、精神和灵感，又向希腊学习了物理、化学、医学等自然科学内

容。阿拔斯初期的穆斯林亦如此，他们汲取了印度、波斯、希腊、罗马的文化，并将其相互融会贯通，构成了一种新的文化。有句名言说得好，“历史就是自身的重复”，只不过限于环境与条件的不同，重复的形式不同而已，但实质是一样的。

我们期望世界总是在前进。也许某个民族因落后而灭亡，也许某些民族在某些方面落后，但整个世界总是向前进的，今天的世界总是比昨天的世界好。当初世界被一小撮专制的暴君操纵，他们无视人民的权利，随心所欲地杀人、褫夺他人财富——正如我们所见——后来人民有了自己的权利，有了罢免、选举和立法的能力。世界的发展进程并未完结，至今仍有一小撮政治首脑人物类似当年的暴君，他们干着发动战争、毁灭国家等卑鄙的勾当。然而，世界必将会进步，科学必将会发展，模糊的理论观点将会被澄清，世人将会懂得主宰世界的规律、人民应享有的权利以及统治者应尽的义务。人民将掌握自己的命运，捍卫自己的利益……这些也许指日可待，也许十分遥远，然而这一切却终究会实现的。

另外一个问题，正如我们注意到的，就是在穆斯林中盛行的一种观点，即推崇文学的文化而不是科学的文化。我们所说的文学的文化，指的是广义的文学，适用于文学院的各个学科，包括文学研究、诗歌、散文、地理、历史、各种语言的学问，等等；我们所说的科学的文化适用于理学院的各个学科，包括物理、化学、数学、生物，等等。人们看到，伊斯兰历四世纪以及四世纪前后，文学的文化压倒了科学的文化，人们重文学甚于重科学。最好的例证是，假如我们走进一座阿拉伯图书馆，会看到其中只有百分之一是科学书籍，其余的全是文学书籍；假如我们翻阅一下人物传记，例如伊本·罕里康的《名人传记》,会发现其中绝大多数人物是广义的文学家,极少有科学家。尤其是假如我们把经注学家、圣训学家、教法学家亦归于文学家一类的话,会发现成百上千的文学家,而像伊本·海赛姆、艾布·沃法、布兹扎尼这样的科学家却寥寥无几。固然,这两种学科各有其特点和缺陷:文学文化的优点是开阔思路,培养情感,了解社会生活的各种现象;它的弊病是笼统而不精确,它的目的是培养受教育者的辩论能力及依靠论据来论证或驳斥某一事物的能力。科学文化的特点在于精确、缜密,所有原理皆如一加一等于二或其倍数相加那样明确,它的长处还在于,一般来说不接受过多的辩论。一个问题,或者正确,或者错误,泾渭分明,无中间模棱两可的道路;它的缺点是:科学工作者往往缺乏情感,局限在固定的小圈子里,对其他的事不闻不问,除非他受过文学的教育。因此,我们看到科学家对他们专业范围以外哪怕仅有厘毫之差的事物,也都是一窍不通的。

任何一个民族总是使两种文化共存的,因为一个富有生气的民族,既不能缺少培养情感的文学的文化,也不能缺少培养理智的科学的文化。

几乎所有的民族都竭力使自己的国家既有文学院,又有理学院。文学院振兴散文、诗歌,教授历史以取其殷鉴,教授地理以明天下大事;理学院则强化大脑,增进思维。

也许人们重视文学甚于科学的原因在于,文学家们以其天赋的文学造诣和能言善辩的巧舌,对王公大臣竭尽吹捧、颂扬、阿谀谄媚之能事,从而博得他们的欢心;而科学家们在这方面则相形见绌,因他们做事严谨,不喜信口开河……除此之外,文学家多为谈吐优雅、诙谐风趣、妙语连珠的能手;而科学家则总是呆板持重、不善辞令、不懂幽默的。重文轻理几乎是伊斯兰各个时期——从伊斯兰教创立直到前不久的时代——的一种普遍现象。以科学、创造、工业为主要支柱的新的文明到来之后,我们吸收了它的长处并亦走上了它的道路。

诚然,新的文明并未忽略文学,但它却高高地树立起了科学的丰碑,我们便也在科学的基础上建立起了我们的生活,使东方人不成为他人的负担。东方人过多地重视文学曾带来了言论多、争辩多以致言行不一的后果。争执辩论充斥了他们的学术聚会,毫无结果的理论研究塞满了他们的学术规划。

而西方人,我们看到,他们对科学的追求和扩充使他们得以用科学的色彩丰富他们的文学。他们的文学往往是内容充实的,而不像我们所见到的花拉子密、伊玛德·艾斯法哈尼和嘎迪·法迪勒等人的作品,空话连篇,言之无物。

我甚至认为,文学的文化使人变得圆滑世故,善于狡辩。

*　　　　*　　　　*

我们如果研究了东方,便会看到,东方不仅具备从事文学的人才,也有从事科学研究的人才。若不是人们囿于条件限制将兴趣主要投在了文学上,造就出了伊本·海赛姆的环境亦能够造就出一大批类似的科学家。如果人们重视了科学,他们当中也会有不少人脱颖而出,超群卓绝。现在东方正背负着一个沉重的负担,这就是弥补以往对科学的疏忽,使科学在今日崛起。如果照此做了,我们的人物传记里科学家与文学家的比例就平衡了。